한 장으로
이겨라

한 장으로
이겨라

송민규 지음

리즈앤 북
ries & book

| 머리말 |

무한경쟁의 시대다. 살아남는 자들은 남다르다.

그들은 자신의 아이디어를 부가가치 있는 상품이나 서비스로 만들어내는 탁월한 기획력을 가지고 있다.

그들의 기획서는 눈에 띈다.

시선을 사로잡는 기획서는 읽힌다.

그들의 기획서는 논리적이다.

논리적인 기획서는 고객을 설득한다. 그들의 기획서는 미래를 꿰뚫는다.

트랜드를 담아낸 기획서는 고객을 성공시킨다.

이 책은 당신의 성공을 도울 것이다.

수많은 비즈니스가 기획서 제출과 동시에 실패한다. 고객에게 선택 받지 못하기 때문이다. 고객은 바쁘고 성질 급하고 회의적이며 까다롭다. 해답은 고객이 가지고 있다. 우리의 기획서를 보고 평가하는 사람은 고객이다. 평가 기준 또한 그들 마음대로이다. 그러므로 그들의 마음을 제대로 읽을 수 있어야 한다.

고객의 머리 속에 무엇을 남길 것인가? 전달하고 싶은 메시지가 고객의 머리 속에 남았다면 성공이다. 이 책은 기획자가 고객의 머리 속에 남기고픈 메시지를 명확하게 남길 수 있는 효과적인 방법들을 제시한다.

세상이 너무나 빠르게 움직인다. 우리 모두는 너무나 바쁘다.

"내 말을 끝까지 들어줄 사람이 없어. 내 글을 끝까지 읽어줄 사람이 없어."

하지만 생각해 보자. 그들이 내 말에 귀를 기울이지 않는 것이 아니라 내 스스로 자신감이 결여된 것은 아닌가. 글 쓰는 것을 두려워하는 것은 아닌가. 너무나도 바쁜 고객에게 이 책은 짧은 시간 안에 하고픈 말을 제대로 할 수 있게 도울 것이며, 쓰고 싶은 글을 제대로 쓸 수 있도록 도울 것이다.

죽어라 열심히 노력했는데도 성과가 없는 경우가 있다. 그렇다고 너무 실망도 말고 자책도 말자. 주변을 둘러보라. 그런 경우들이 일상인 사람들이 넘쳐난다. 그들은 그저 그런 사람들로 불린다. 이 책은 당신을 그저 그런 사람이 아닌, 남다른 사람으로 만들어주는 안내서가 될 것이다.

22년 동안 기업 교육 현장에서 수많은 교육 담당자들을 만나서 기획서를 제출하고, 그들을 설득하여 그들의 성공에 일조했던 경험들을 이 책에 담았다. 내 성공 파트너였던 나의 고객님들께 가슴 깊이 감사 드리며, 미래의 고객님들께도 미리 고마움을 전하고 싶다.

송민규

| 차 례 |

머리말   5

1부 ___ 원 페이지 기획의 개요

    1장 **왜 원 페이지 기획인가?**   15
    2장 **기획이란 무엇인가?**   19
    3장 **기획력, 어떻게 향상시키는가?**   25

2부 ___ 원 페이지 기획의 프로세스

    1장 **기획의 플래닝**   33
        기획의 전제 조건   35
        기획의 방향 파악   36
        기획의 방향 결정   40
        기획의 과제 도출   44
        기획의 콘셉트 결정   46
        구상 및 실행 계획 수립   50
        문제 해결 기획 프로세스(예)   56

2장 **기획서 메이킹** 61
　도입부　62
　기획 의도　64
　문제 분석　65
　기획 구상　65
　세부 실행 계획　66
　첨부 자료　66

3장 **기획서의 프레젠테이션** 69
　3원칙 챙기기　71
　3P 챙기기　72
　3요소 챙기기　74

3부 ___ 통찰력으로 기획하기

　1장 **세상의 변화를 읽어라** 81
　　트랜드의 의미　85
　　트랜드 트레킹　89
　　트랜드와 패러다임　92

| 차 례 |

2장 **정보 수집**   95
    기획자에게 필요한 정보 마인드   96
    가치 있는 정보의 조건   97
    쓸모없는 정보를 버리는 방법   99
    신문 정보   100
    책 정보   103
    사람 정보   106

3장 **경영 환경 및 정보 분석**   111
    3C 분석   112
    FAW 분석   114
    SWOT 분석   115

4부 ___ 논리력으로 기획하기

1장 **논리적 사고**   123
    용어의 정의   126
    용어 속 트랜드   134

2장 **논리의 이해**　137
　　논리의 활용　142
　　논리의 전개　145
　　논리의 개발　148
　　논리의 구조화　152

5부　　표현력으로 기획하기

1장 **글을 통한 표현**　159
　　기획서 작성의 원칙　161
　　기획서의 점검　165

2장 **그림을 통한 표현**　169
　　정량적 데이터의 표현 도구 - 그래프　170
　　정성적 데이터의 표현 도구 - 도형　175
　　데이터의 표현 도구 - 표　178

3장 **말을 통한 표현**　183
　　보고 방법　187
　　보고 요령　190

맺음말　193

my way of thinking

1부

원 페이지 기획의 개요

기획은 상대의 마음을 얻는 것

1장

왜 **원 페이지 기획**인가?

    승진에 승진을 거듭하며 자신이 입사 때 그렸던 그림대로 살아가는 직장인은 매우 드물다. 그래도 간혹 주변을 둘러보면, 조직으로부터 인정받으며 승승장구하는 사람들은 있게 마련이다. 그들을 부러운 눈으로 바라보는 대부분의 직장인들은 그나마 가진 능력조차도 과소평가 받고 언제 잘릴지 몰라 전전긍긍 댄다.

    이런 차이는 언제부터 만들어진 것일까? 많은 이들이 성공의 비결을 묻는 질문에 아이큐나 운, 줄, 배경 같은 이유를 들먹이지만, 사실은 기획력이 그들을 성공으로 이끌어준 원동력이다. 몇 날 며칠을 고민하며 밤새워서 작성한

첫 기획서가 바로 그 출발점인 것이다.

　무한 경쟁 시대에는 기획과 실행, 평가의 영역에서 역할을 구분한다는 건 아무런 의미가 없다. 그럴 만한 시간적 여유도 없다. 처음부터 끝까지 모든 작업을 혼자서 수행해야만 한다. 피터 드러커도 "프로 직업인이란 자율적 의지에 의해 스스로를 개척하는 지식근로자"라고 말하지 않았던가? 즉, 프로 직업인이라면 자신의 일을 기획하고 실행하여 평가까지 스스로 할 수 있어야 한다는 말이다. 즉 기획력으로 무장해야 한다는 뜻이다.

　그렇다면 이때 '기획력이 있다'는 말의 의미는 무엇일까? 그것은 시장이나 상사와의 소통 능력이 뛰어나며, 문제 해결 능력이 탁월하고, 조직에 기여하는 성과도 우수하고, 조직이나 시장의 변화를 주도하는 능력이 좋다는 뜻일 것이다.

　시장은 항상 변화해 왔으며 점점 더 빠르게 변화하고 있다. 시장의 변화 속도를 따라가거나 혹은 앞장 서서 달리기 위해서 기업들은 더 빠르게 움직이지 않으면 안 된다. 빠른 의사 결정과 실행을 위해서는 핵심 정보의 선택과 생각의 압축이 필수적이다. 이러한 현상이 조직에 반영된 것이 바로 문서의 간소화이며 원 페이지 문서의 존재 이유이다.

비즈니스 글쓰기 컨설팅 업체 〈THE EXECUTIVE WRITER〉의 대표인 케빈 라이언이 "명료하게 글을 쓸 줄 아는 직원이 조직에 큰 이익을 가져다 준다."라고 말한 것처럼, 지금 우리는 자신의 모든 아이디어들을 원 페이지 안에 담아내어 조직에 기여해야만 하는 초 간단, 초 스피드 시대를 살아가고 있는 것이다.

2장

기획이란 무엇인가?

 기획(企劃)을 한자로 풀어보면 '계획한 것(劃)을 도모(企)한다'는 의미이다. 어떠한 것을 계획하는 데는 그 이유가 있을 것이다. 이 이유 때문에 계획을 시작하는 것인데, 이것이 바로 기획의 목적이 된다. 목적의 개념을 포함시켜서 기획(企劃)이라는 말을 정의해 보면 이렇다.
 '목적 달성을 위하여 기획자의 의도가 반영된 계획을 도모하는 것'.
 기획은 어떤 목표를 정해서 거기에 도달하기까지 행하는 구상, 제안, 실행의 모든 일들을 포함한다.
 기획이란 '아이디어의 실현 가능성을 따지는 것'이라고

도 할 수 있다.

이러한 여러 가지 개념을 통틀어 요약하자면, 기획이란 결국 '생각'하는 것이고 모르는 것을 인지시키는 것이다. 조직이나 개인이 바라는 바를 글과 그림으로 가시화하고, 문제점에 대해 어떻게 할 것인지 대책을 수립하는 과정이다. 즉, 기획이란 '목표 달성을 위해 수단과 방법을 계획적으로 추구하는 것'이다.

기획과 계획은 다르다. 기획이 줄기라면 계획은 그것을 실행하는 과정으로써 가지와 같다. 다시 말해 기획이 전체라면 계획은 부분이다. 기획은 '새로운 아이디어를 포함하는 방향성을 지닌 창조 행위'이며 '무엇을 할 것인가(What to do)?'를 결정하는 과정이다.

이에 비해 계획은 기획을 실현하기 위한 방법(How to do?) 찾기를 의미한다.

기획은 상대의 마음을 얻는 것이다. 자기중심적 사고에 빠져서 다른 사람의 생각을 읽어내지 못하는 사람이라면, 아무리 그럴싸하게 기획서를 포장했다고 해도 그가 원하는 것을 얻을 가능성은 매우 적다.

기획자에게는 상대의 입장을 이해하는 역지사지(易地思之)의 사고방식이 반드시 필요하다. 예컨대 부하는 상사

 차이점

기획(企劃)	계획(計劃)
기획은 전략이다	계획은 전술이다
왜 해야 하지? 무엇을 하지?	어떻게 하지?
목표를 설정하는 것	목표를 달성하기 위해 구체적인 절차나 순서를 정하는 것

의 입장을, 세일즈맨은 고객의 입장을, 협상자는 협상 상대방의 입장을, 프리젠터는 청중의 입장을 이해할 수 있어야 한다는 것이다.

극단적인 예측이나 결정은 기획 마인드를 원천적으로 막아버린다. 따라서 기획자는 어떤 일에 대해서든 성공과 실패의 가능성을 동시에 열어두어야 한다.

고정관념을 타파하고 시야를 넓히는 것, 상대의 입장에서 생각하는 것, 성공과 실패의 가능성을 모두 염두에 두는 것은 마음의 문을 열어 놓았을 때 가능하다.

뛰어난 기획자가 되고 싶은가? 그렇다면 먼저 마음의 문부터 활짝 열도록 하자. 그리하면 상대방도 당신에게 마음을 열어줄 것이다.

Tip 문제의식

일본의 한 반도체 공장에서 일어난 일이다. 이 공장은 다른 공장보다 불량률이 높아서 애를 먹고 있었다. 공장장과 품질 관리 책임자뿐만 아니라 전 직원이 모여 원인 찾기에 골몰했지만 좀처럼 그 원인을 발견해낼 수가 없었다.

어느 날 한 견습 여공이 교대 근무를 하기 위해 철도 건널목 앞에 서 있었다. 그날따라 유난히 긴 화물 열차가 여공의 앞을 지나고 있었다. 이것을 예사롭지 않게 생각한 여공은 다음날 공장의 품질 관리자에게 말했다.

"우리 반도체의 불량은 긴 화물 열차의 진동 때문이 아닐까요?"

결국 반도체 공장의 전 직원은 공장과 철로 사이에 고랑을 파고 물을 채워 넣어 열차의 진동을 차단할 수 있었다. 여공의 문제의식으로 인해 반도체 불량 문제를 해결할 수 있었던 것이다.

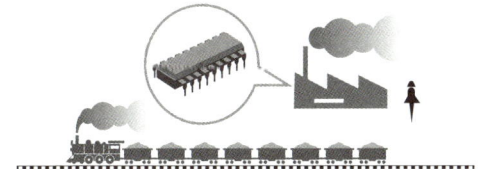

3장

기획력, 어떻게 **향상**시키는가?

"조직은 어떤 사람을 원할까요?"라는 물음에 한마디로 답하기는 어렵지만 그래도 누군가 나에게 답변을 강요한다면 나는 "조직 구성원들과 원활하게 소통하면서 주어진 문제를 매끄럽게 해결하여 조직이 긍정적인 방향으로 변화하도록 성과로 말하는 사람"이라고 답하겠다. 조직이 원하는 소통자, 문제 해결자, 성과자, 변화 선도자가 되기 위해서는 통찰력과 논리력 그리고 표현력으로 무장하여야 한다.

통찰력 있는 사람은 트렌드를 읽는 능력이 뛰어나다. 통찰이란 예리한 관찰력으로 사물을 꿰뚫어본다는 뜻이다. 즉 미래를 꿰뚫어보는 힘이 바로 통찰력인 것이다. 수

많은 성공자들은 통찰력이 뛰어났다.

세종대왕, 링컨, 에디슨, 김대중, 엘빈 토플러, 스티브 잡스, 피터 드러커, 잭 웰치… 이들의 공통점은 무엇일까? 바로 독서광이라는 점이다. 책 안에 통찰력이 있다. 기획자는 독서광이 되어야 한다. 기획서는 아는 만큼만 쓸 수 있다. 많이 알기 위해 독서만큼 유효한 방법은 없다. 빌 게이츠도 "하버드대 졸업장보다 독서하는 습관이 더 중요하다."며 책 읽기의 중요성을 강조한 바 있다.

미국 방송가에서 '토크쇼의 여왕'이라 불리며 세계에서 가장 영향력 있는 사람 중 한 명으로 손꼽히는 오프라 윈프리. 그녀는 흑인 빈민가에서 사생아로 태어나 미혼모가 됐으며, 20대에는 마약 복용으로 수감된 전과 경력까지 있다. 어찌 보면 온통 불행으로 점철된 인생이었던 그녀에게 유일한 위안거리는 어렸을 때부터 지속된 독서 습관이었다. 그녀는 책 읽기를 통해서 위로 받고 용기를 얻어 비참한 인생을 극복하고 일어설 수 있었다고 회고한다.

칠흑 같은 어둠 속에서 독서 습관이라는 빛줄기가 그녀를 인도했고, 결국 그녀는 최장기 시청률 1위를 지속하는 토크쇼의 진행자로 이름을 알리며, 20세기를 대표하는 인물 가운데 하나로 우뚝 서게 된 것이다. 오프라 윈프리는 독서를 통해 인간이 얼마나 위대해질 수 있는지를 보여주는 살아 있는 귀중한 사례이다.

프랑스의 정복자 나폴레옹도 독서광으로 잘 알려져 있다. 그의 일생을 두 단어로 요약하면 '전쟁'과 '독서'라고 할 수 있다. 그는 전쟁 중에도 늘 수레에 책을 싣고 다녔다. 나폴레옹은 유년 시절부터 책방의 책을 온통 다 삼켜버릴 듯이 읽었다고 한다. 나폴레옹은 책을 본 후 그 내용을 요약해서 기록하거나 감상문을 적어두었다. 이른바 독서 노트를 만든 것이다. 그는 유년 시절부터 생애 마지막 순간까지 탐욕스러운 독서가였다. 나폴레옹의 다방면에 걸친 성과들은 독서에 의해 가능했다고 해도 과언이 아니다.

기획자의 열린 사고는 독서에서 비롯된다. 남의 감정적 의견이나 부정확한 정보에 근거하는 기획은 백전백패다. 1%의 실패 가능성에 대해서도 대비책을 마련하는 것이 기획 마인드의 출발점인데, 이러한 작은 실패의 가능성을 줄여주는 것이 바로 깊이 있는 독서 습관이다.

사람들은 흔히 책을 많이 읽으면 많은 지식이 축적된다고 믿는다. 그 말이 진실에 가깝기는 하나. 그러나 기획자는 단지 지식을 쌓기 위해서만 책을 읽는 것은 아니며, 세상에 나와 있는 모든 책이 다 좋은 지식을 제공해 주는 것도 아니다. '양서(良書)'보다도 '악서(惡書)'가 서점의 앞자리를 차지하고 있는 경우도 자주 있지 않은가? 기획자에게 독서가 중요하다는 것은 단순히 독서량을 말하는 것이 아니다. 독서 습관, 즉 효율적인 독서 방법이 얼마나 중요한가를 말하는 것이다.

홍수처럼 쏟아져 나오는 책들을 모두 읽을 수는 없다. 수많은 책들 중에서 정작 자신에게 필요한 책이 무엇인지 알아볼 수 있어야 한다. 뛰어난 기획자에게는 자신에게 필요한 책을 콕 찍어서 선택할 수 있는 감각이 필요하다. 정독해야 할 책과 훑어보는 것만으로도 충분한 책을 구별해 낼 수 있어야 한다. 이처럼 기획에 도움이 되는 책을 골라서 효율적으로 읽어내는 독서법이야말로 기획자가 통찰력을 얻기 위해 갖추어야 할 필수 습관인 것이다.

논리란 생각이나 추론이 지녀야 하는 원리나 법칙을 말한다. 생각이나 추론을 표현하는 도구가 바로 말이나 글이므로, 우리는 상대의 말이나 글을 통해 그의 생각과 추론의 논리 유무를 판단하게 된다. 따라서 어떤 용어를 선택해서 표현할지 결정하는 것이 논리의 시작이라 할 수 있다.

『철학 이야기』의 저자 윌 듀란트는 "용어 정의가 논리학의 알파이며 오메가이다. 심장이고 영혼이다. 이것만 잘해도 일의 반은 끝난 것과 같다."라고 했다. 기획자는 기획서에 쓰는 용어와 프리젠테이션 시에 사용하는 용어를 명확히 정의할 수 있어야 한다.

〈맥킨지 컨설팅〉에서는 '결론이 그 하위의 근거와 세로로 so what? 과 why so? 로 계층을 이루고, 근거는 동일 계층 내의 복수의 요소가 MECE(Mutually Exclusive & Collectively Exhaustive)되어 있는 것이다.'라고 논리를 정의하고 있다. 기획자는 자신이 말하고자 하는 메시지를 논리적으로 구조화할 수 있어야 한다(137쪽 참조).

표현력이란 자신의 생각을 명쾌하게 나타내는 힘을 의미한다. 우리는 자신의 생각을 몸짓이나 언어, 문자, 그림 등으로 표현한다. 표현력은 꾸준한 연습의 결과물이기 때문에 연습을 게을리하면 능력 또한 퇴화된다. 꾸준한 연습을 통해서만이 표현력을 향상시킬 수 있다. 기획자는 communication skill, presentation skill, writing skill, 시각화 기술을 지속적으로 연습하고 또 연습하여 자신의 생각을 능수능란하게 표현할 수 있어야 한다.

my way of thinking

2부

원 페이지 기획의 프로세스

고객의 시선을 끌어야 통한다

1장

기획의 **플래닝**

기획의 시작은 플래닝이다. 의사 결정권자가 기획 내용에 대해 알고 싶은 욕구가 생기도록 기획자가 자신의 기획을 준비하는 단계이다. 플래닝의 바탕 위에서 다음 단계인 메이킹을 시작하는 것이다. 플래닝 단계는 기획의 내용을 정하는 출발 단계로써 사실상 기획의 성패가 결정되는 단계이다.

기획서의 외형에 집착하던 시대는 이미 지나갔다. 인터넷을 몇 분만 뒤져도 일고 싶은 정보가 산더미처럼 쌓여 있기 때문이다.

"수많은 정보의 홍수 속에서 조직에 필요한 정보를 어떻게 찾아낼 것인가?"

"자신이 선택한 테마의 목적과 고객의 욕구를 어떻게 파악할 것인가?"

"기획에 필요한 정보를 모아서 그 본질을 어떻게 찾아낼 것인가?"

이에 대한 답을 찾는 작업이 지식 정보화 시대를 살아가고 있는 우리들에게는 훨씬 더 중요해졌다. 기획력은 많은 정보를 합리적으로 가공할 수 있는 능력을 포함한다.

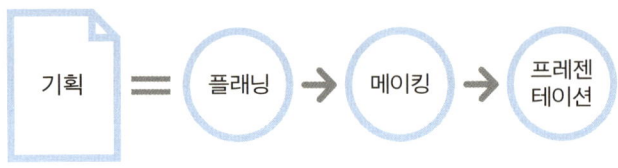

기획의 플래닝 단계는 목표 달성을 위한 계획을 어떻게 수립하고, 이를 어떻게 활용할 것인가에 대한 해답을 찾아가는 과정이다. 또한 자신의 아이디어를 어떻게 효과적으로 의사 결정권자에게 전달하고 그를 설득할 것인지를 발견해 가는 과정이라고 할 수 있다.

◆ 기획의 전제 조건

기획의 '전제 조건'은 기획을 입안하는 가운데 지켜야 할 기획의 규칙으로써, 기획자는 기획을 입안하는 과정에서 이러한 전제 조건을 미리 파악해야만 한다.

예를 들어 올해 사업계획에 3억 원의 예산이 반영되어 있는데, 열심히 기획을 하여 5억 원의 예산을 산정했다면 어떻게 될까? 그 기획은 아무리 내용이 훌륭하더라도 그림의 떡일 뿐이다. 이러한 실수는 바로 기획의 전제 조건을 간과한 결과이다.

기획 과정에서는 관계 부서와의 정보 공유, 일정 조정을 통해 협력을 구해야 하는 경우가 다반사이다. 그런데 기획자가 이를 무시하고 관계 부서와 협의 없이 자신의 업무 계획과 스케줄로만 기획한다면, 그 사람은 기획자로서의 자격이 없는 것이다.

기획자는 자신의 기획과 관련한 담당 부서와의 다양한 커뮤니케이션을 시도해야 하고, 자신의 기획 영역과 관련된 전세 조건을 만드시 확인해야 한다. 이를 소홀히 할 경우 기획은 방향을 상실하게 되고, 그 결과 기획자의 노력 또한 물거품이 되고 만다.

기획에 앞서 반드시 다음의 조건들을 점검하자.

① 이미 결정된 사항이 있는가?
② 실행 예산 규모에 문제는 없는가?
③ 기획자는 누구이고 결정하는 사람은 누구인가?
④ 외부인이 기획하는 경우, 기업 대외비 정도는 어떠한가?
⑤ 작업의 범위는 어디까지인가?

기획 과제의 올바른 방향을 설정하기 위해서는 상사 또는 이해 관계자로부터 기획의 전제 조건들을 반드시 확인해야 하며, 이와 같은 전제 조건에 대한 검토가 많으면 많을수록 엉뚱한 기획으로 인한 시간 낭비를 예방할 수 있다.

◆ 기획의 방향 파악

기획의 순서나 방법은 기획의 내용이나 조건에 따라 달라지겠지만, 어떤 기획이라 하더라도 '무엇을 위한 기획인가?'라는 기획의 방향 파악이 우선이다. 기획의 방향을 파악하는 방법에는 기획의 유형에 따라 의뢰자(고객 또는 상사)와의 인터뷰, 추진 팀과의 미팅, 그 외 기획자의 판단 등이 있다.

　기획에 의뢰자가 있는 경우, 일방적으로 의뢰자의 이야기를 듣고 판단하는 것보다는 미리 준비된 질문지(체크리스트)로 기획의 방향을 파악하는 것이 좋다. 이때 확인해야 할 사항은 다음과 같다.

① 기획의 목적 : 왜 기획해야 하는가?
② 기획의 목표 : 의뢰인이 요구하는 것은 무엇이고 어떤 효과를 기대하는가?
③ 기획의 범위 : 언제, 어디서 누구를 대상으로 실행하는가?
④ 실행 예산 : 소요 비용은 얼마인가?

　하지만 의뢰인 스스로가 기획에 대해 체계적인 그림을 그리지 못하고 있으면, 의뢰인과의 면담만으로 위와 같은 사항들을 명확하게 확인하기 어렵다. 이럴 때에는 이른바

'디코딩 스킬(Decoding Skill)'을 사용하는 것이 좋다. 디코딩이란 전산 용어로써 코드화된 데이터나 명령을 처리 가능하도록 해독하는 것을 말하는데, 여기에서는 '상대방의 의도를 정확하게 파악하기 위한 수단'을 의미한다. 의뢰인의 머릿속에 정리되지 않은 채 분산돼 있거나 어렴풋하게 남아 있는 사항들을 토대로 해서 의뢰인이 바라는 바를 보다 구체적으로 해독해 내는 것이다.

디코딩에 활용하는 고객의 표현에는 다음과 같은 것들이 있다.

① 느낌 : 의뢰인이 문득문득 생각이 떠오를 때 표현한 내용
② 가치 : 고민을 많이 한 결과를 압축해서 짧게 표현한 이념이나 철학
③ 기준 : 업무를 처리하는 원칙
④ 요구 : 구체적으로 요구한 내용

기획의 테마와 방향을 확인할 때에는 5W3H를 활용해도 좋다.

① 대상 (What) : 무엇을 하려는 기획인가?
② 목적 (Why) : 왜 이 기획을 하는가?
③ 고객 (Who) : 누구에게 보이기 위한 것인가?
④ 장소 (Where) : 어느 범위에 해당하며, 어디에서 실행하는가?
⑤ 기간 (When) : 어느 정도 기간이 요구되는가?
⑥ 방법 (How) : 기획의 목적을 어떻게 달성할 것인가?
⑦ 예산 (How Much) : 비용은 어느 정도 소요되는가?
⑧ 일정 (How Long) : 언제부터 시작해 언제까지 마칠 것인가?

◆ 기획의 방향 결정

기획의 방향을 정한다는 것은 '무엇(What)'과 '어떻게(How)'를 명확히 하는 일이라고 할 수 있다. 이 두 가지 사항에 대한 작업은 다음과 같이 다섯 단계로 구분해서 진행한다. 이때 ① ② ③이 'What'을 말하는 것이고, ④와 ⑤는 'How'를 다루고 있는 것이다.

① 목적의 명확화 : 발의자의 의도와 인적/물적 제한 요건을 확인. 현상을 파악하고 기획서 작성 이유를 명확히 한다.
② 가설 설정 : 기획의 핵심 과제와 전개 방향에 대한 다수의 시나리오 상정.
③ 정보의 수집과 분석 : 다양한 매체와 채널을 활용한 체계적인 정보 수집 & 분석.
④ 콘셉트 정리 : 기획자의 의도를 명확히 하고 기획서의 기본적인 흐름과 표현 방식 결정.
⑤ 아이디어 발상 : 해결책에 대한 아이디어 도출.

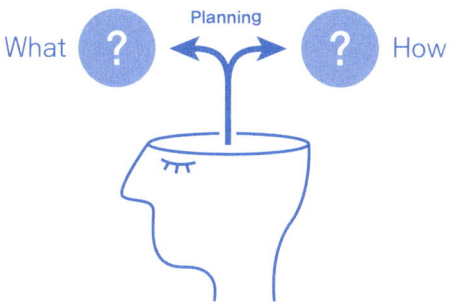

기획의 방향을 결정한다는 것은 다음의 세 가지 요건을 챙기는 것과 같다.

(1) 발상의 배경 파악

모든 기획은 발상에서 시작된다. 그리고 그 발상에는 반드시 배경이 있게 마련이다. 기획이 왜 필요한가를 밝히는 인식의 단계라 할 수 있다. 배경은 외부에도 내부에도 있을 수 있으므로 두 가지 측면을 동시에 고려해야 한다.

기획 발상의 배경이 외부에 있는 경우에는 외부의 환경 변화가 자사 및 자기에게 어떤 영향을 미칠 것인가를 판단하는데, 이때 그 판단의 근거가 바로 배경이 된다. 혹은 어떠한 현상이 지속되어서 나쁜 영향을 만들어내거나 문제를 야기하여 새로운 타개책을 찾아내야 할 때에는, 바로 이 어떠한 현상이 내부의 기획 발상 배경이 되는 것이다.

(2) 목적의 명확화

살아오면서 한 번쯤 스스로에게 물었던 질문이 있을 것이다.

"나는 왜 사는가?"

"내가 이 세상에 존재해야 하는 이유는 무엇인가?"

삶의 목적에 대한 질문이다. 삶의 목적이 불분명할수록 우리의 삶은 고달프고 힘이 든다.

상사가 묻는다.

"이 일을 왜 해야 합니까?"

일의 목적을 묻는 것이다. 상사가 생각하는 일의 목적과 나의 답이 일치할 때 그 일은 진행된다. 즉, 일이 존재할 수 있게 되는 것이다. '목적'은 '존재 이유'와 같은 말이다.

기획의 목적은 기획의 존재 이유를 밝히는 것이다. 기획의 목적을 명확히 하기 위해서는 다음과 같은 질문들에 대한 답을 찾는 과정이 필요하다.

> "왜 기획을 해야만 하는가?"
> "무엇을 위해 기획하는 것인가?"
> "기획을 하면 어떤 이익이 있는가?"
> "만약 하지 않는다면 어떻게 되나?"

(3) 제목 결정

제목이란 글의 주제를 한 문장으로 표현한 것을 말한다. 기획서는 목적과 범위를 한 줄로 표현하여 제목을 붙인다. 기획서의 제목은 대체로 '~을 위한 ~안(案)'의 형태로 표현된다. '~을 위한'은 목적을 말하는 것이고, '~안(案)'은 그 목적에 도달하는 방법을 말하는 것이다.

따라서 누가 보든 기획서의 제목만으로 '무엇을 위해서 어떻게 하자'는 것인지를 명확히 파악할 수 있어야 한다.

◆ 기획의 과제 도출

　기획의 방향을 정하고 다음으로 해야 할 일은 과제를 도출하는 것이다.
　앞서 설명한 바와 같이 기획 발상의 배경을 파악하고 기획의 목적을 명확히 하여 기획의 타이틀을 정했다면, 이제 조금 더 구체적인 기획 과제를 도출해야 한다. 기획에서 과제를 도출한다는 것은 '무엇을 할 것인가?'를 정한다는 뜻이다. 지금의 현상이 계속 진행됐을 때 어떤 문제가 발생할 것인가를 유추하고 대비책을 모색하는 것이다.
　가령 국제 유가가 계속 하락한다면 어떻게 될 것이고, 그 문제를 발생하게 하는 원인은 무엇인가? 미국이 금리를

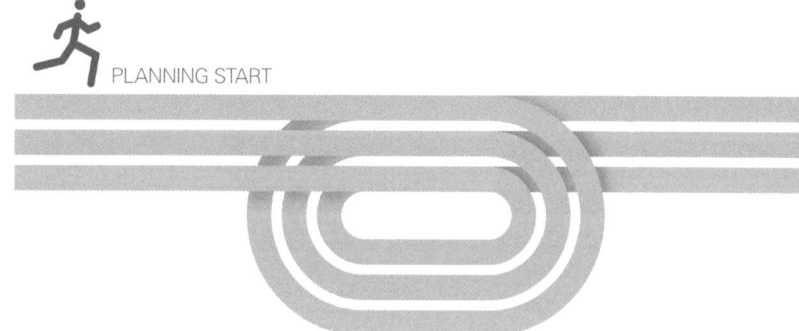

인상한다면 어떤 문제가 발생할 것인가? 어떤 위협 요인이 발생할 것인가? 등등의 생각들을 말한다.

기획 과제를 도출할 때 아래의 매트릭스는 대단히 유용하다. 어떠한 현상이 지속되는 경우에 나타나는 긍정적 영향(+)과 부정적 영향(-)을 분석하고, 바람직한 목표를 설정하여 그 목표에 도달하기 위해 기획을 통해 해야 할 일을 명확히 하는 방법이다.

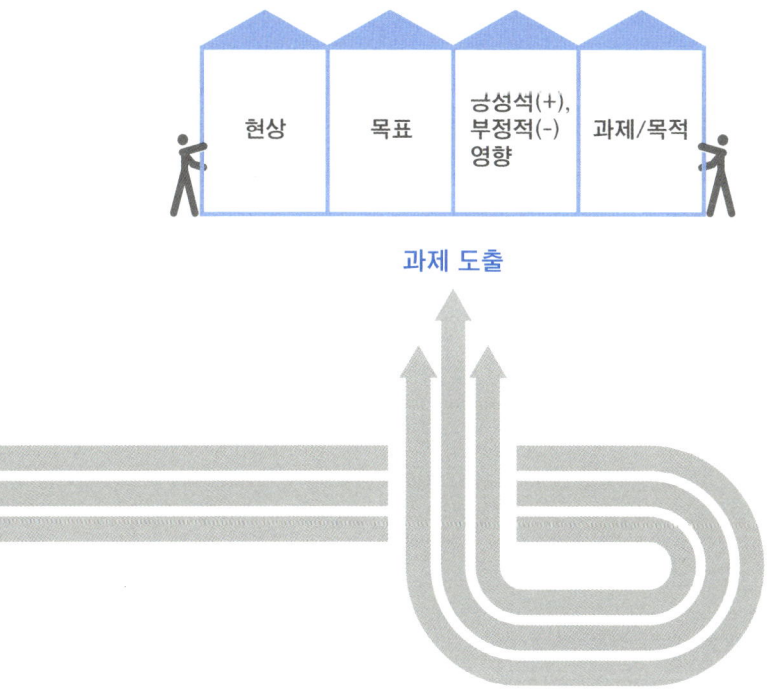

◆ 기획의 콘셉트 결정

과제가 명확해지면 이제 콘셉트를 결정해야 한다.

기획에서 콘셉트라는 말은 '현상 분석을 통해 설정한 과제에 대해서 그 해결 방법을 한마디로 표현한 것'을 뜻한다. '개념'과 같은 의미를 가진 '콘셉트'라는 말이 일반적인 용어로 쓰이게 된 것은 광고의 역할이 크다.

광고에서는 콘셉트를 '사고방식', '주장', '방향'의 의미로 쓰기도 한다. 음악, 미술, 건축 등 표현 예술 분야는 물론이고 연극, 영화, 드라마 등의 분야에서도 콘셉트가 성패를 좌우한다.

국가 기관이나 지방 자치단체에서 주관하는 행사에서도 콘셉트를 슬로건 형태로 채택하고 있으며, 이러한 경향은 마케팅 전략과 비즈니스 기획에서도 나타난다. 콘셉트 하나로 히트 상품이 되는 경우가 허다하고, 콘셉트가 약하거나 아예 없는 상품은 고객으로부터 외면당한다.

콘셉트란 단어를 풀어보면 '공통으로(Con)'와 '품고 있다(Cept)'는 뜻을 함께 가지고 있음을 알 수 있다. 기획자가 고객과 공통으로 품고 있는 생각이 같다면 성공할 가능성은 그만큼 높아지지 않겠는가?

(1) 콘셉트는 기획의 최상위 가치

콘셉트는 기획자의 강력한 설득 도구이다. 또한 기획서 전체를 하나로 연결시켜주는 연결고리이다. 더불어 콘셉트는 기획의 목적, 즉 최상위 가치를 짧은 언어로 압축해서 표현한 것이다.

새로운 정부가 들어설 때마다 '문민정부', '국민의 정부', '참여정부' 등 한마디로 정권의 성격을 규정하는 것도 콘셉트를 이해하는 데 도움을 주는 좋은 예라 하겠다.

기획 콘셉트는 어떠한 배경 하에서 기획안을 어떤 모습으로 실행하고 싶은가에 대한 대답이며, '내 아이디어'를 다른 사람에게 전해 주는 매개체 역할을 한다. 따라서 기획 콘셉트에는 '내가 바라는 바(企)'와 '현실 인식'이 함께 포함되어 있어야 한다.

기획자가 가지고 있는 생각이 고객(상사)이 '바라는 바'와 근본적으로 같고 그 '바라는 바'가 제대로 전달될 수만 있다면, 그 기획이나 제안은 이미 성공한 것이나 다름없다.

콘셉트는 강한 임팩트를 줄 수 있는 '언어'를 사용하는 것이 좋으며 도해, 일러스트, 사진 등을 수단으로 하여 표현하면 더욱 효과적이다. 콘셉트는 주로 한 줄 이내로 표현하며, 이러한 콘셉트는 기획의 '구심점'이 된다.

(2) 좋은 콘셉트는 'AIDMA' 해야 한다

베스트셀러 출판물의 제목이 대부분 좋은 콘셉트를 담고 있듯이, 콘셉트는 무엇보다도 고객의 시선을 끌 수 있는 것이어야 한다. 또한 좋은 콘셉트는 흥미를 갖게 하고 욕망을 불러일으킬 수 있어야 한다. 더불어 강한 인상을 주어 오랫동안 기억할 수 있어야 하며, 궁극적인 행동을 불러일으켜야 한다. 『미움 받을 용기』는 이와 같은 요건에 부합하는 콘셉트로 성공한 대표적 케이스일 것이다.

'AIDMA'를 활용해서 콘셉트의 요건을 정리해 보자.

① 주목 (Attention) : 주목을 끌 것
② 흥미 (Interest) : 흥미를 갖게 할 것
③ 욕구 (Desire) : 욕망을 불러일으킬 것
④ 기억 (Memory) : 오랫동안 기억하게 할 것
⑤ 행동 (Action) : 행동을 불러일으킬 것

그런데 이와 같이 'AIDMA'를 활용해 설정한 기획 콘셉트라 할지라도 추상적인 경우에는 현실성이 떨어지거나 또 다른 문제들을 만들어낸다.

따라서 다음에 열거된 체크 리스트를 활용한다면 사전에 이런 문제들을 예방할 수 있을 것이다.

① 고객의 니즈에 부응하는가?
② 고객이 경쟁사와의 차이점을 구분할 수 있는가?
③ 고객이 옳고 그름을 알 수 있는가?
④ 나아가야 할 목표와 방향을 잘 나타내고 있는가?
⑤ 바람직한 사명과 역할을 그리고 있는가?
⑥ 회사의 자금이나 인적 자원 등의 자원 배분이 가능한가?
⑦ 전체가 치우침 없이 조정이 가능한가?
⑧ 자사 임직원 및 고객의 동기부여가 가능한가?
⑨ 읽기 쉽고 알기 쉬운가?
⑩ 이치에 맞는 논리로 만들어졌는가?

◆ 구상 및 실행 계획 수립

해결책에 대한 아이디어를 내고 세부적인 실행 계획을 수립하는 단계이다. 해결책에 대한 아이디어를 모을 때에는 브레인스토밍 기법을 활용해 보자.

브레인스토밍(Brainstorming)은 1941년 알렉스 오스본(Allex F. Osborn)이 고안한 것으로, 어떠한 주제나 문제에 대해 두뇌의 활발한 활동을 통해 다양한 아이디어를 얻는 기법이다. 팀별로 행하는 아이디어 창출 기법으로, 문제를 발견하고 그 해결책을 모색하거나 혹은 개선점을 찾는 데 주로 사용한다. 즉, 집단의 효과를 살려 아이디어의 연쇄 반응을 불러일으켜서 자유 분방하게 사고하고자 하는 것이다.

그런데 이 기법을 사용하는 데 있어서는 몇 가지 중요한 전제 조건이 필요하다.

(1) 자유 분방

모든 구성원은 어떠한 '금기'에서도 벗어나야 한다. 사고의 자유로움이 브레인스토밍의 가장 중요한 원칙이기 때문이다. 자신이 하고 있는 지금의 생각이 좋은 것인지 나쁜 것인지의 여부가 중요한 게 아니라, 그러한 생각마저도 못하는 부자연스러움이 더 큰 문제임을 명심해야 한다.

(2) 다다익선

의견 혹은 아이디어는 많으면 많을수록 좋다. 다소 주제와 동떨어졌을지라도 그것은 듣는 사람의 주관적인 생각일 뿐이다. 다양한 생각과 아이디어를 통해 파괴력이 강한 진짜 아이디어가 만들어질 수도 있다는 것을 명심해야 한다.

(3) 비판 엄금

의견 혹은 아이디어를 듣는 사람의 비판은 자칫 구성원의 사고를 틀어막는 독이 될 수 있다. 이 기법의 가장 큰 특징은 꼬리에 꼬리를 무는 사고의 발전성이다. 가만히 놔두면 기하 급수적으로 발전할 수 있는 아이디어를 초반부터 꺾어버리는 것은 브레인스토밍의 절대적인 적이다.

(4) 결합과 통합

이미 제안된 의견이 있다 하더라도 얼마든지 이를 다시 결합하고 통합시켜 폭발력 있는 아이디어로 재생산해낼 수도 있다. 즉 제1안, 제2안을 결합하고 통합시켜 제3의 아이디어를 만들어내는 것이다. 다른 구성원의 의견과 아이디어를 나의 것과 결합하려는 시도가 중요하며, 이 단계에서는 상대방의 의견과 아이디어를 알맞게 취사 선택하는 노력이 필요하다.

위에서 살펴본 브레인스토밍 기법을 통해 아이디어를 도출하기 위해서는 사고의 구조화가 필요하다는 것을 알 수 있다. 즉 각각의 아이디어를 나열하고, 이를 유망한 아이디어 순으로 서열화시키고, 이를 유기적으로 조합시켜 보다 나은 아이디어로 발전시키는 것이 기획 아이디어 도출을 위한 구조화 방법이다.

우리는 흔히 "어디 참신한 아이디어 없나?"라고 말한다. 문제를 단번에 해결할 수 있는 획기적인 아이디어를 찾는 것이다. 하지만 이런 표현은 옳지 않다. 아이디어는 해결책을 찾기 위한 실마리일 뿐이지 해결 방법 자체는 아니기 때문이다. '참신함'에만 매달리면 결국 수많은 아이디어를 놓치게 된다. 따라서 우리는 아이디어에 대한 관점을 다음과 같이 새롭게 정리할 필요가 있다.

> ◇ Idea 관점 ◇
>
> ① 아이디어란 기존의 요소를 새로 조합한 것이다.
> ② 우리가 원하는 것은 생활에 도움이 될 만한 실천적인 아이디어이다.
> ③ 약간만 새로워도 그 아이디어는 '새로운 것'이다.
> ④ 아이디어가 완벽할 필요는 없다.
> ⑤ 아이디어는 질보다 양이 중요하다.
> ⑥ 아이디어는 많은 양의 정보로 구성돼야 하는 것이 아니라 단 한 줄이어도 된다.
> ⑦ 아이디어의 실현 가능성 여부는 뒤로 미뤄라.

해결책으로 모아진 많은 양의 아이디어들 중에서 효과가 높고 실행 가능성도 높은 아이디어를 선택한 다음, 그 아이디어의 실행 주체와 실행 기간, 실행 시 필요한 예산

등의 5W1H의 프레임을 만들어 정리해 내는 단계가 바로
세부 실행 계획 수립 단계이다.

	why	what	how
1			
2			
3			
4			

	who	when	where
1			
2			
3			
4			

빈칸들을 하나씩 채워보자. 구체적인 실행 계획안을 손에 쥐게 될 것이다.

◆ 문제 해결 기획 프로세스(예)

과거와 현재와 미래는 하나의 끈으로 연결되어 있다. 하지만 이 세 개의 시제를 연관시켜 문제 해결 능력을 기르고자 하는 사람은 드물어 보인다. 기획자는 과거, 현재, 미래 사이에서 끊임없이 시계추 운동을 하며 기획 프로세스를 완성해 나가야 한다.

현재 상황을 파악하고, 과거부터 있어온 문제점들을 찾아내며, 미래에 발생할지도 모르는 문제를 예측하여 그 대안까지 마련해야 하는 것이다.

다음은 문제 해결 기획의 5단계 프로세스이다.

(1) 개요(Discovery 단계)

과거부터 현재까지 지속돼온 문제점을 파악하고, 그 문제점이 현재 어떤 결과를 가져왔는지를 규명한다. 또한 미래에 인력, 비용, 자재, 방법 등을 어느 정도 동원하고 어떻게 해결하고자 하는지를 대략적으로 밝힌다.

(2) 문제 및 원인 분석(Explain 단계)

현재 처한 문제와 그 문제의 원인을 보여준다. 단순히

문제를 나열하기보다는 논리적인 체계에 따라 일목요연하게 정리한다.

(3) 대책(Design 단계)

문제를 해결하기 위한 종합 대책을 수립하고 이를 어떻게 실행할 것인지를 밝힌다.

(4) 세부 실행 계획(Controlling 단계)

문제 해결을 위한 구체적인 실행 계획을 수립하는 단계다. 구체적인 실행 과제 및 일정, 업무 분담, 중간 점검 방법, 성과 측정 방법 등을 각 항목에 따라 일목요연하게 정리한다.

(5) 미래 리스크 대책 단계

기획안은 메인 아이디어가 결정되었더라도 만약의 경우를 대비하여 제2안, 제3안까지 준비해 두는 것이 바람직하다. 기획 의뢰자의 전제 조건이 변화된다든지 환경이 변화함에 따라 최선 안이 변화될 수도 있고, 평가사의 기호에 따라 선호하는 대안이 다를 수도 있기 때문이다.

이벤트나 행사 기획 등의 경우에도 천재지변이나 인재

에 대비한 리스크 대책 수립이 필수이며, 리스크 대책은 혹시 발생할지도 모르는 상황에 대비한 예방 대책과 발생시 대책으로 구분해서 준비해야 한다.

위에서 설명한 기획 프로세스 5단계를 다음과 같이 정리하면 보다 쉽게 기억할 수 있다.

◇ **기획 프로세스 5단계** ◇

① 현(現) : 현상 파악
② 문(問) : 문제점, 원인 파악
③ 종(綜) : 종합 대책 수립
④ 세(細) : 세부 실행 계획 수립
⑤ 미(未) : 미래 리스크 대책

"현 문 종 세 미"

성공하는 기획자는 과거, 현재, 미래 사이를 부지런히 오가며 기획 프로세스 5단계 '현문종세미'를 주문처럼 외우는 습관을 가진 사람들이다.

2부 - 원 페이지 기획의 프로세스

2장

기획서 메이킹

　기획서란 설정한 콘셉트와 수집한 정보를 종합해 다른 사람이 쉽게 이해하고 공감할 수 있도록 논리적 체계를 갖추어 작성한 문서를 말한다. 기획서는 관계자들을 설득하기 위한 프레젠테이션을 효과적으로 준비할 수 있게 하는 도구 역할을 한다. 더불어 적절한 계획을 세우고 업무를 체계적으로 수립하고 시행할 수 있도록 해준다. 한마디로 **기획서는 '비즈니스 커뮤니케이션 도구'**라고 할 수 있다.

　기획서 작성에 어떠한 절대적인 기준이 존재하는 것은 아니므로 그저 일반적인 사람들에게 익숙하고 친근한 문서 작성 기준에 따라서 하면 된다. 다만, 비즈니스 기획서에는 기본적으로 다음과 같은 내용들을 담아내야 한다.

① 도입부 : 표지, 머리말, 차례
② 기획 의도 : 목표, 기대 효과, 콘셉트
③ 문제 분석 : 배경, 현상, 원인 분석
④ 기획 구상 : 대책, 해결책 구상
⑤ 세부 실행 계획 : 5W1H에 의한 계획
⑥ 첨부 자료 : 별첨 자료, 근거 자료, 출처, 인용

이와 같은 구성안을 기준으로 하되, 일부 요소의 비중을 줄여서 원 페이지 안에 담아낼 수도 있으며, 반대로 늘려서 더 많은 내용을 첨가할 수도 있다. 위에 열거한 비즈니스 기획의 표준 구성안에 따라 각각의 요소 별로 작성 내용을 정리하면 다음과 같다.

◆ 도입부(표지, 머리말, 목차)
- 흥미와 관심을 불러일으킬 것

(1) 표지

표지는 기획서의 대문과 같다. 따라서 고급스러우면서도 눈에 잘 띄도록 디자인해야 한다.

표지에는 기획서의 제목과 제출처의 명칭, 캐치프레이즈, 제출자명(회사명, 회사 로고, 제출자), 제출일자 등의 요소를 포함시킨다.

(2) 머리말

머리말은 필요한 경우에 제한적으로 활용하는데, 외부 제안용의 경우 기획 의뢰에 대한 감사 인사, 기획의 전제조건, 기획 테마 재확인 등의 내용을 담는 것이 좋다.

긴 기획서의 경우 전체를 짧게 요약한 내용으로 작성할 수도 있다.

(3) 목차

흥미를 불러일으킬 수 있으면서도 앞뒤 스토리 라인이 연결되는 차례여야 좋다. 본문의 내용이 10여 장 이내로 짧은 경우에는 굳이 목차를 기재할 필요가 없겠지만, 그 이상이면 별도로 제시하는 것이 좋다. 단 목차가 너무 길어지지 않도록 주의한다.

◆ 기획 의도(목표, 기대 효과, 콘셉트)
- 무엇을 하려는 기획서인가?

제출하는 기획서가 어떤 상황 속에서, 무엇을 위해서, 어떤 문제를 해결하려는 것인지를 환기시키고 공유하는 부분이다. 기획의 목표, 기대 효과, 콘셉트 등을 포함하여 작성해야 한다.

(1) 기획의 목표 & 기대 효과

추진하고자 하는 내용의 수준과 계획대로 추진했을 때 기대되는 결과 등을 서술한다. 필요한 경우 유사 프로젝트의 결과물을 활용해 최종적인 프로젝트의 이미지를 제시함으로써 흥미와 기대를 유발한다.

(2) 콘셉트

고객의 머릿속에 남기고 싶은 강력한 핵심 메시지를 작성한다. 콘셉트는 기획서의 심장과 같다. 콘셉트 부분이 본문 중간에 들어 있다 하더라도 문자의 크기나 글꼴에 변화를 주거나, 테두리 선이나 기호, 기타 다른 비주얼 효과들을 활용해 눈에 띄게 하는 것이 좋다.

◆ 문제 분석(배경, 현상, 원인)

    기획서를 읽는 사람에 따라서는 기획 내용과 관련된 예비 지식이 없는 경우도 있다. 따라서 본문에 들어가기 전에 경영 환경, 소비자 동향, 시장 동향 등 기획 과제와 관련된 배경을 제시하는 것이 필요하다.

    예비지식이 있는 경우라도 상호 공통 인식 부분을 확인하는 절차로도 의미가 있다. 또한 기획 대상이 처해 있는 현재의 상태와 그러한 현상에 처하게 된 원인을 객관적이면서도 논리적으로 분석하는 것은, 기획의 존재 이유를 명확히 하는 데 대단히 중요하다.

◆ 기획 구상(대책, 해결책)

    해결책은 문제의 원인을 제거하거나 예방할 수 있는 아이디어를 여러 가지 방법들을 동원하여 도출하고, 도출한 아이디어들 중에서 효과와 실행 가능성 등을 고려히여 선택한다.

◆ 세부 실행 계획(5W1H)

　세부 실행 계획은 기획의 결론이 되는 부분으로, 선택한 해결책에 5W1H의 프레임을 적용하는 방법으로 수립할 수 있다.

◆ 첨부 자료 (별첨 자료, 근거 자료, 출처, 인용)

　첨부 자료에는 근거, 출처, 인용, 관련 기사를 모아둔다. 첨부 자료에도 본문과 같은 표지를 붙이고 타이틀, 제출일, 참고 자료 등을 기입한다. 표지 다음 쪽에는 첨부 자료의 출처와 발행일을 기입한 첨부 자료 목록을 기입한다. 필요에 따라서 조사 결과(조사일, 장소, 방법)를 기입할 수도 있다.

　지금까지 살펴본 바와 같이 기획서는 표준 구성안에 따라 만들어지지만, 실제로 기획서를 작성할 때는 논지의 흐름을 쉽게 이해할 수 있도록 구성하는 경우가 대부분이다. 요컨대 결론 → 현상 → 원인 → 대책, 또는 현상 → 원인 → 대책 → 결론의 순서이다.

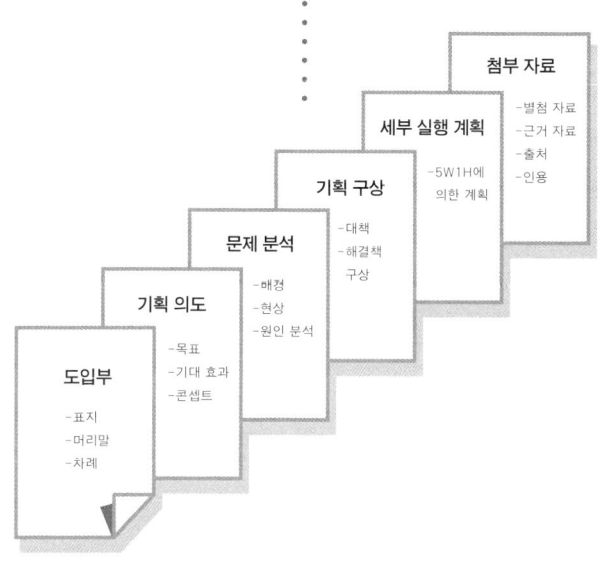

3장

기획서의 **프레젠테이션**

 제아무리 잘 만들어진 기획서라 할지라도 고객(상사)을 설득하는 데 실패하는 순간 그 기획서의 존재 가치는 사라지고 만다. 그동안의 노력과 시간들이 허망하게 헛된 것으로 전락해 버리는 순간이다. 기획의 3요소에 프레젠테이션이 포함된 이유이다.

 프레젠테이션에는 대인관계를 만들기 위한 프레젠테이션과 상대를 이해시키기 위한 프레젠테이션, 그리고 설득을 위한 프레젠테이션이 있다. 프레젠테이션의 종류에 따라 전달할 내용의 깊이와 전달 방법이 달라지는 것은 당연하다.

'상대(고객)의 몰입도를 높여 프레젠터가 원하는 결론이 나도록 확률을 높이는 커뮤니케이션 기술'을 프레젠테이션이라 정의한다면, 프레젠테이션 역량은 무한 경쟁 시대를 살아가고 있는 우리가 반드시 확보해야만 하는, 성공을 보장하는 무기임이 틀림없다.

이 무기의 성능을 어떻게 하면 보다 강력하게 만들 수 있을까? 설득적인 프레젠테이션은 고객의 니즈에 관한 언급이 일관되게 유지될 때 가능하다. 고객의 니즈를 벗어난 정도에 비례해서 고객은 다른 생각을 할 가능성이 높다.

능숙한 프레젠테이션은 고객의 몰입도를 높이며, 몰입도가 높은 고객은 능숙한 프레젠터의 손을 들어줄 가능성이 훨씬 더 크다. 프레젠테이션 기술은 고객을 내 편으로 만드는 핵심 기술이며, 비지니스 성공의 필수 무기인 것이다.

성공하는 프레젠터가 되는 지름길은 없다. 명확한 의도를 지닌 학습과 지속적인 관심 그리고 연습, 적극적 경험의 누적이 프레젠테이션 기술을 향상시킨다.

오늘은 서점으로 달려가 보자. 프레젠테이션 관련 서적들을 내 돈을 투자해서 구입해 보자. 일단은 묻지도 말고 따지지도 말고 내질러보자. 내일의 나는 더 이상 오늘의 내가 아닐 것임을 보장한다.

◆ 3원칙 챙기기

프레젠테이션은 알기 쉽고 간결하며 인상 깊게 진행해야 한다. 이것이 성공하는 프레젠테이션의 3원칙이다.

알기 쉬운 프레젠테이션은 관계를 명확히 함으로써 가능하다. 먼저 아우트라인을 설명하고 전체와 연결 지어 부분을 설명해 간다. 사용하는 단어의 의미를 명확하게 하되 키워드는 반복해서 강조한다.

결론은 이유와 근거를 가지고 일목요연하게 말해야 한다. 구체적인 사례를 들어 설명하면 듣는 사람이 쉽게 이해할 수 있다. 또한 방법을 이해시키고 싶다면 먼저 시연을 해 보이고 원리를 설명하면 된다.

간결한 프레젠테이션은 요점을 명확하게 표현하면 된다. 예를 들면, 주제를 한 줄로 정리해 보고 불필요한 것은 제거해 본다. 핵심을 정확한 단어로 표현하고 문장을 짧게 쓰면 간결한 프레젠테이션이 가능하다.

인상 깊은 프레젠테이션은 감정을 실어 생기 있게 표현하고 이미지가 떠오르도록 말할 수 있어야 한다. 비유를 사용하고, 절정에서는 강조하는 방법으로 프레젠테이션을 하면 고객에게 깊은 인상을 남길 수 있다.

◆ 3P 챙기기

3P 즉 프레젠테이션의 purpose, 프레젠테이션을 듣는 people, 프레젠테이션을 하는 place에 따라서 프레젠테이션의 방법은 달라진다. 프레젠테이션은 고객의 목적과 부합하는 내용으로 진행되어야 한다.

다시 한 번 프레젠테이션을 정의해 보자. '상대(고객)의 몰입도를 높여 프레젠터가 원하는 의사 결정이 되도록 확률을 높이는 커뮤니케이션 기술'이다.

고객은 자신의 니즈와 관련 있는, 즉 자신이 관심 있는 것만을 듣는다. 고객의 프레젠테이션에 대한 몰입도는 그의 니즈와 부합할 때만 유지된다. 반드시 프레젠테이션의 내용은 고객의 니즈에 부합해야 한다.

비지니스 현장에서 고객의 니즈와 동떨어진 프레젠테이션이 성공한 경우는 단 한 번도 없었고, 앞으로도 절대 일어나지 않을 것이다.

"프레젠테이션 장소에 자리하고 있을 고객은 어떤 사람들일까?"라는 질문에 대한 답을 반복적으로 구하라.

그들의 업무 영역과 그들의 특성에 대한 깊이 있는 성찰과 준비에 비례하여 프레젠테이션의 성공 가능성은 커진다. 프레젠테이션 당일의 주인공인 고객이 공통적으로 원하는 관심사와 그들이 좋아할 만한 프레젠테이션 방식을 찾아내라. 그렇지 못했다면 차라리 프레젠테이션 장소에 가지 마라. 어차피 성공할 수 없을 것이기 때문이다.

프레젠테이션 장소를 장악하라. 프레젠테이션 장소에

대한 정보를 미리 알 수 있는 방법은 거의 없다. 따라서 다양한 환경을 가정해 보고 거기에 맞는 연습을 통하여 낯선 환경과 친숙해지는 것이 필요하다. 친숙한 환경에서의 프레젠테이션이 프레젠터에게 심리적 안정감을 가져다주는 것은 당연하지 않겠는가?

"3P? 별 신경 안 쓰고도 잘 해왔는데?"라는 자만심 혹은 의구심을 갖는 독자가 있다면, 그는 타고난 프레젠터든지 아니면 헛발질의 고수든지 둘 중 하나일 것이다.

◆ 3요소 챙기기

프레젠터의 태도, 기술, 프레젠테이션의 내용은 성공적인 프레젠테이션을 가능하게 하는 핵심 3요소이다.

이 세 가지 요소들 사이에는 곱하기의 연산 법칙이 숨어 있다. 어느 하나의 요소가 '0'이 되면 프레젠테이션의 성공 확률도 '0'이 되고 만다.

프레젠테이션의 기술과 내용은 훌륭하지만, 프레젠터의 태도를 신뢰할 수 없다면 아무도 프레젠터의 말을 믿지 않을 것이다. 프레젠터의 태도와 프레젠테이션의 내용은 훌륭하지만 프레젠테이션 기술이 좋지 않다면 청중은 몰입도를 유지하기가 어렵다. 따라서 프레젠테이션이 전체적으로 지루해질 가능성이 높아진다. 반대로 프레젠터의 태도와 기술은 훌륭하나 프레젠테이션의 내용이 부실하다면, 고객의 입장에서 생각해 보면 남는 것이 없다. 즉, 메시지가 없는 프레젠테이션이 될 가능성이 매우 높은 것이다.

프레젠터가 신뢰할 만한 태도를 확보하기 위해서는 어떻게 해야 할까?

『성공하는 사람들의 7가지 습관』의 저자 스티븐 코비 박사는 모든 사람에게는 신뢰 계좌가 있다고 말한다. 신뢰 계좌의 잔고가 높은 사람의 태도는 자연스럽게 누구나가 그를 신뢰하게 만든다.

성공하는 프레젠터가 되고 싶은가? 그렇다면 자신의 신뢰계좌를 평상시에 관리하며 잔고 높이기에 힘써라.

프레젠테이션 기술은 어떻게 연마할 것인가? 정답은 연습이다. 연습 외에 다른 답은 없다. 스스로 연습하고 식구들 앞에서도 연습하고, 팀원들 앞에서도 연습하고, 부담되고 힘든 자리에서도 연습하고, 또 연습하라. 그리하면 최고의 프레젠터가 될 수 있을 것이다.

마지막으로 프레젠테이션의 내용은 어떻게 확보할 것인가? 해답은 학습이다. 공부다. 책이다. 읽고 또 읽어라. 보고 또 보아라. 학습을 멈추면 죽음이다. 변화를 따라잡을 수 있는 유일한 방법은 학습이다. 학습이 프레젠테이션의 내용을 풍요롭고 다양하고 설득력 있게 만들어줄 것이다.

프레젠터의 태도와 프레젠테이션 기술과 내용, 이 세 가지는 함께 준비되어야 하며, 그중에 하나라도 없으면 실패할 것이다.

3의 활용

"3은 단순함의 끝이고 복잡함의 시작이다."
맥킨지에서는 늘 3이라는 숫자를 애용한다.
맥킨지 인에게 복잡한 문제의 원인에 대해 질문을 하면 그들은 곧바로 "그 원인은 세 가지 때문입니다. 첫째~, 둘째~, 셋째~."라고 답변할 것이다.

"3"

my way of thinking

3부

통찰력으로 기획하기

변화를 읽고 분석하라

1장

세상의 **변화를 읽어라**

경영 환경은 끊임없이 변하고 있다.

시장은 점점 더 세분화되고 소비자의 기호 또한 급격하게 변한다. 기업 활동을 둘러싼 거시 경제 구조는 예측이 어렵고 불안정하다. 그런 와중에도 매년 신제품은 증가하고 있다.

한편으로는 기업 활동에 대한 각종 법규제가 완화되거나, 규제 조건이 급격하게 변하기도 한다. 무한 경쟁의 글로벌 시장에서는 그 어떤 기업도 안전할 수 없다. 이와 같은 경영 환경 속에서 다음 승자는 과연 누구일까? 정답은 바로 '변화를 이끄는 기업'이다.

이 세상 만물이 다 변하고 있는데 오직 변하지 않는 한 가지가 있다면, 그것은 모든 것은 변한다는 사실뿐이다.

공룡과 카멜레온 중 현재까지 살아남은 것은 카멜레온이다. 변화에 잘 적응했기 때문일 것이다. 기획은 변화를 관리하는 것이다. 작년 이맘때 생각과 지금 생각이 같다면 그는 1년 동안 영안실에 있었던 것과 다를 바 없다. 경쟁자들이 변화를 공기 삼아 살아가고 있는 시대에 혼자만 변화하지 않는다면 살아 있어도 죽은 것과 무엇이 다르겠는가?
A.W.Target이라는 사람이 쓴 『창』이라는 단편소설의 내용이다.

어느 작은 병실에 두 남자가 입원해 있었다. 한 사람은 폐암 말기 환자이고 또 한 사람은 디스크 환자였다.
디스크 환자는 수술 받은 지 얼마 되지 않아 꼼짝없이 누워 있어야 했지만, 폐암 환자는 하루에 한 시간 정도는 자리에서 일어나 창 밖을 내다보곤 했다.
병세로 보자면 폐암 말기 환자의 상황은 매우 절망적이었지만 그의 얼굴에는 늘 기쁨이 있었다.

하루는 디스크 환자가 창 밖을 보고 있는 폐암 환자에게 도대체 밖에 무엇이 보이냐고 물었다. 그는 지그시 눈을 감고 이렇게 말했다.

"아름다운 호수에 보트와 백조가 한가로이 떠 있고, 호숫가를 산책하는 여인들과 잔디밭에서 놀고 있는 어린아이들의 얼굴이 보이네요."

이 말을 듣고 있던 디스크 환자의 얼굴이 갑자기 분노로 일그러지기 시작했다. 그는 폐암 환자의 얼굴에 늘 기쁨이 어리는 것은 그의 침대가 창문 곁에 있기 때문이고, 자기는 차별대우를 받고 있다는 생각이 들었던 것이다. 그래서 폐암 환자가 빨리 죽어 나가 저 창가의 침대를 자기가 차지했으면 좋겠다는 생각까지 하게 되었다.

그러던 어느 날 밤, 폐암 환자가 심하게 기침을 하면서 신음하기 시작했다.

디스크 환자는 비상벨을 눌러 의사를 부를까 하다가 침대를 차지하겠다는 생각에 그대로 두었다. 아침이 밝아올 무렵 옆 침대는 조용해졌고, 고통 받던 폐암 환자는 그의 기대대로 세상을 떠났다.

병원의 허락을 받아 드디어 창문 곁으로 침대를 옮

긴 그는, 옮기자 마자 있는 힘을 다해 침대를 붙들고 일어나 창 밖을 내다보았다.

그런데 놀랍게도 창 밖에는 회색의 콘크리트 담벼락 뿐이었다.

그는 그제야 폐암 환자의 기쁨이 환경 때문이 아니라 그가 선택한 기쁨이었음을 깨달았다. 그는 기뻐할 수 없는 상황에서도 생각을 변화시켜서 기쁨을 선택한 것이다.

◆ 트랜드의 의미

　기획의 방향을 잡고 나서 처음으로 하는 일은 현상을 분석하는 일이다. 그리고 그 현상의 배경과 영향을 파악하는 것이 바로 트랜드 분석이다. 트랜드는 시대적 변화의 메커니즘이다.

　지난 세기 말에 『제3의 물결』이란 책으로 미래학에 한 획을 그은 앨빈 토플러는, 자연에서 채집과 수렵을 통해 먹을 것을 얻던 인류가 식량을 재배해서 자급자족 경제를 이루게 되는 신석기 혁명을 일컬어 '제1의 물결'이라 명명했다. 그리고 간단한 농기구들과 토지를 이용해 부를 생산하던 농경시대에서 기계를 이용한 공업화 사회로 변화되는 '산업혁명기'를 '제2의 물결'이라고 칭했다.

　제2의 물결은 3천여 년 동안 지속되던 농경사회에 변화의 태풍을 일으켰다. 두 개의 큰 물결이 인류의 역사를 휩쓰는 동안 부의 기준은 '토지'에서 '자본'으로 옮겨졌다. 인류는 산업혁명을 통해서 생산력을 비약적으로 증대시킬 수 있었고, 이를 통해서 인류의 문화는 급속한 발전을 거듭하였다. 그러나 이러한 '제2의 물결'도 20세기 말에 불어닥친 정보화의 물결에 밀려 휘청거리게 된다. 정보화의 물결, 즉 '제3의 물결'이 앨빈 토플러의 예언처럼 이미 인류사회를 지배하고 있다.

'제1의 물결'을 맞이하는 데 인류는 3천만 년이라는 세월이 필요했다. 다시 '제2의 물결'이 덮치는 데는 3천 년의 세월이 소요됐다. 그로부터 3백 년 뒤에는 '제3의 물결'이 밀어닥쳤다. 그렇다면 제3의 물결인 이 정보화의 물결은 과연 얼마나 지속될 것인가?

아무도 모른다. 그래서 정보화 시대는 불확실성의 시대다. 또한 연속의 시대가 아니라 단절의 시대이다. 연속의 시대는 점진적 변화가 일어나는 시기로써 경험(노하우)이 중요했다. 그러나 단절의 시대는 과거, 현재, 미래가 교차점 없이 변화하기 때문에 끊임없는 학습과 지식 습득이 필요하다.

불연속의 시대에는 예전에 없던 문제를 예전에 없던 방법으로 해결하며, 새로운 수익 모델을 찾아내야만 한다. 지식 정보화 사회에서 부의 기준은 단순한 지식과 정보가 아니라 '스스로 생각하는 힘'이다. 스스로 생각하는 힘이 곧 지식 정보화 시대를 끌고 가는 동력인 것이다.

이제 제3의 물결을 지나 인공지능 기술 및 사물인터넷,

빅데이터 등 정보통신기술(ICT)과의 융합을 통해 생산성 향상이 급격히 향상되고 제품과 서비스가 지능화되면서 사회경제 전반에 혁신적인 변화가 나타나는 '4차 산업혁명의 물결'이 거세게 밀려오고 있다.

4차 산업혁명의 특징은 다양한 제품 서비스가 네트워크와 연결되는 '초 연결성'과 사물이 지능화되는 '초 지능'이라고 할 수 있다. 인공지능 기술과 정보통신 기술이 3D 프린팅, 무인 운송 수단, 로봇 공학, 나노 기술 등 여러 분야의 혁신적인 기술들과 융합함으로써 더 넓은 범위에 더 빠른 속도로 변화를 초래할 것으로 전망된다.

문명이 변화하는 속도에는 점점 더 가속도가 붙는다. 경험만으로는 생존이 어려울 수밖에 없다. 이러한 시대적 변화를 제대로 읽어내기 위해서 기획자는 남들보다 더 더욱 트랜드에 민감해야 한다.

빠른 속도로 변화하는 환경을 제대로 읽고 논리적으로 분석할 수 있을 때 현재의 문제를 정확하게 파악할 수 있다. 현실에 대한 정확한 판단을 할 수 있어야 어떠한 대안으로 어떻게 개선시킬 수 있을지에 대한 해답도 자신의 기획서에 담아낼 수 있는 것이다.

트랜드 분석은 두 가지 경우에 유용하다. 하나는 환경 변화를 인식하고 그 변화가 자사 및 해당 부문에 어떠한 영향을 미칠 것인가를 판단해야 하는 경우이다. 다른 하나는 현상의 부진이 지속되어서 뭔가 새로운 타개책을 찾지 않으면 안 되는 경우이다.

세상에는 무수한 현상들이 존재한다. 우리가 그 많은 현상들에 모두 반응하는 것은 사실상 불가능하다. 따라서 트랜드 분석 시에는 사회 변화 현상을 플러스 영향과 마이너스 영향으로 보는 습관이 필요하다. '나' 또는 '회사'를 중심으로 긍정적인 영향을 주는 요인과 부정적인 영향을 주는 요인을 가려내는 것이다.

예컨대 'A이동통신회사'가 '단통법' 실행으로 받게 되는 긍정적인 영향(+)은 무엇이고 부정적인 영향(-)은 무엇인가? 'A보험사'가 '메르스'가 유행하여 얻는 플러스 요인과 마이너스 요인은 무엇인가? '대체휴일제'가 실시됨으로써 받게 되는 플러스 혹은 마이너스 영향은 무엇인가? 등과 같은 것들이다.

◆ 트랜드 트레킹

일반적으로 트랜드란 변화의 작은 단위로서 어떤 것이 바뀌는 일반적인 경향을 의미한다. 이것은 사람들의 심리적 특성의 표출이다. 트랜드란 낱낱의 현상이 아니라 시대의 동향이나 풍조 등을 말하며, 독창성이나 저작권을 신경 쓰지 않고 남들을 따라할 수 있다고 여기는 것으로 '유행'이라고도 한다.

수많은 현상들 사이의 연관 관계를 추적하고 분석함으로써 눈에 보이지 않는 이면의 경향을 읽어내는 것이 중요한데, 이를 '트랜드를 트레킹한다'라고 표현한다.

기획자가 매 순간마다 마주치는 현상들에 일일이 신경을 쓰다 보면 정작 중요한 메시지를 놓칠 가능성이 매우 커진다. 수백수천 가지 사건들을 검토해야 하기 때문이다. 하지만 그 현상들의 이면을 들여다보면 대략 스무 가지 미만의 트랜드로 요약할 수 있고, 이러한 현상 분석을 통해 기획이 가능해진다.

트랜드 분석은 작은 것들에서 출발해 그것들을 하나씩 모아서 10년 앞을 미리 예측해 보는 것이다. 10년 후 사회는 현재 우리 사회 이면에 숨어 있는 20가지 이내의 트랜드에 영향을 받는다고 한다. 이러한 낱낱의 트랜드를 일반화해 주요 흐름에 따라 몇 개의 개념으로 정리한 것을 '메가 트랜드'라고 한다.

작은 사실에서 출발해 순간순간을 모아 큰 카테고리 안에서 일반화를 시도한 것이다. 따라서 메가 트랜드는 근본적인 변화를 반영한다. 하지만 이것은 '진리'가 아닌 '심리' 즉 사실의 반영이기 때문에 서로 상반되는 트랜드가 공존하는 경우도 있다.

트랜드는 기획자가 아니라 사회적 욕구와 욕망이 이끌어 나간다. 더불어 그러한 욕구를 움직이는 변인 또한 존재한다. 트랜드 분석은 한마디로 인간의 욕구와 욕망이 어떤 방향으로 가고 있는지를 예측하는 것을 말한다.

그렇다면 그 욕구와 욕망을 리드해 나가는 변인은 무엇일까?

기획자는 트랜드 트레킹을 통해 그 변인을 읽어내야 한다. 미래의 트랜드를 포착하기 위해서는 다양한 매체를 많이 접하는 것이 필요하다.

CEO들도 경영 관련 서적들을 통해서 트랜드를 읽고 있다. "책을 읽는 가장 중요한 목적이 무엇인가?"를 묻는

한 설문조사에서 대한민국 CEO들은 '시대적 트랜드 포착(32.6%)'과 '경영 아이디어 발굴(27.7%)'이라고 답했다.

단기 트랜드는 신문이나 잡지를 통해서도 읽어낼 수 있다.

① 3개월 분량의 주요 종합 일간지와 경제신문 기사 제목을 모은다.
② 특이한 점이 발견되는 제목만을 따로 모은다. 예를 들어 왜 히트했고 어떻게 차별화했는지 등을 파악한다.
③ 주요 기사 제목을 포스트잇에 작성한다. 이때, 한 장에 한 항목만 작성한다.
④ 유사한 내용끼리 분류한 다음 각 분야별로 분석한다.
⑤ 중심 트랜드와 특이 트랜드로 나누어 용어화한다.

세계시장에서 검색 엔진의 점유율은 구글이 압도적이다. 구글 트랜드 검색을 통해서 세계 시장의 실시간 트랜드를 읽어낼 수 있을 것이다.

◆ 트랜드와 패러다임

'새로운 커피 문화'의 전도사로 자리 잡은 스타벅스가 1999년 7월 이화여대 앞에 1호점을 개설했을 때 대부분의 마케팅 전문가들은 "한국에는 맞지 않는다."며 부정적인 전망을 하였다. 하지만 스타벅스는 2004년 상반기에만 550억 원의 매출을 달성하며 커피 문화의 새로운 패러다임을 만들어냈다.

변화를 감지하고 트랜드를 정확하게 읽어내어 새로운 패러다임을 만들어낸 것이 성공의 비결이었다. 지금 우리는 변화의 시대, 기획의 시대를 살아가고 있다. 방심하면 패자가 된다. 패러다임을 바꾸지 못하면 불행하게 된다. 한때는 세계 최고였던 수많은 기업들의 파산 사례들을 보면, 새로운 패러다임을 만들어내지 못한 기업과 조직은 여지없이 도태되고 만다는 사실을 알 수 있다.

워런 버핏은 이러한 현상을 기업을 망하게 하는 쇠퇴의 ABC로 이야기한 바 있다. 거만(Arrogance), 관료주의(Bureaucracy), 자만(Complacency)이 그것이다.

시장점유율 세계 1위의 '제록스'가 '휴렛 팩커드(HP)'

에, '모토로라'가 '노키아'에, '네슬레'가 '제너럴 푸드'에, 다시 '스타벅스'에 챔피언 자리를 넘겨준 것은 트랜드 변화를 보지 못하고 새로운 패러다임 창출에 실패한 대표적인 사례들이다.

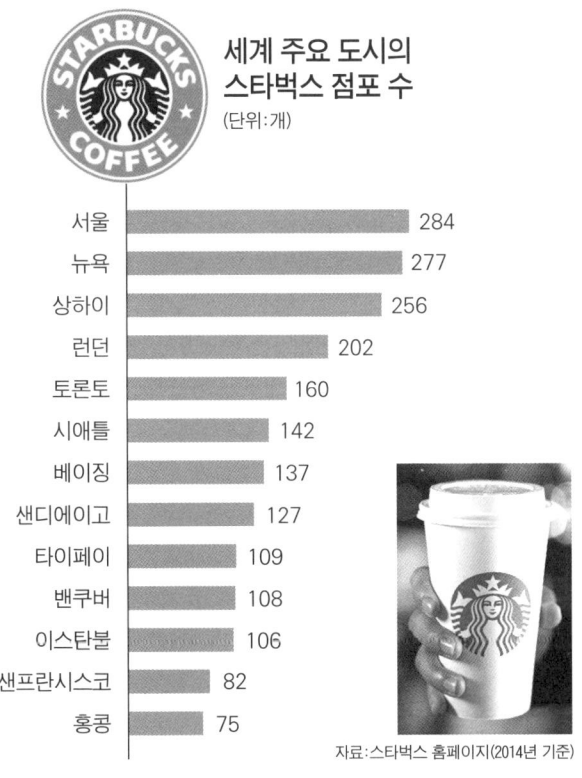

세계 주요 도시의 스타벅스 점포 수
(단위:개)

도시	점포 수
서울	284
뉴욕	277
상하이	256
런던	202
토론토	160
시애틀	142
베이징	137
샌디에이고	127
타이페이	109
밴쿠버	108
이스탄불	106
샌프란시스코	82
홍콩	75

자료:스타벅스 홈페이지(2014년 기준)

2장

정보 수집

    정보가 가진 특성은 공기의 역할과 매우 닮았다. 공기의 소중함을 알 수 있는 방법은 아주 간단하다. 단 1분만 숨을 쉬지 않고 있으면 곧바로 알게 된다. 정보도 이와 유사한 성질을 가진다. 당연하다고 여기는 정보 제공이 되지 않는다면 어떻게 될까?

    요컨대 인터넷 쇼핑몰에서 물건을 사려고 하는데 가격 정보가 없으면 어떻게 될까? 증권 객장에 나갔는데 거래되는 주식의 가격을 모른다면? 우리 회사 제품 중 어느 상품이 얼마나 팔리고 있는지 모른다면? 일기 예보나 교통 정보가 없다면?

상황이 이리되면 아마도 개인은 물론이고 사회 전체가 혼란에 빠지고 말 것이다. 만약 아무런 정보 없이 기획을 한다면 어떻게 될까? 그 기획은 이미 죽은 기획이다. 사람이 살아가는 데 필수 조건이 '충분한 공기'인 것처럼 성공하는 기획의 필수 조건 역시 '관련 정보의 수집'이기 때문이다.

◆ 기획자에게 필요한 정보 마인드

하루 수십 개의 신문을 통해 수백 종류의 기사를 읽으면서도 정보를 보지 못하는 사람이 있고, 짧은 신문기사 한 줄을 보고도 유용한 정보를 찾아내는 사람이 있다. 그 차이는 '정보 마인드'에서부터 시작된다. 유용한 정보를 찾아내고, 그것을 조직에 이익이 되도록 활용할 줄 알아야 한다. 기획은 정보 수집에서부터 시작한다.
 따라서 기획자는 정보 관리의 중요성에 대해 인식하고, 가치 있는 정보를 찾아내는 감각을 키워야 한다.
 세상에 널려 있는 수많은 정보들 중에서 꼭 필요한 정보를 수집하여 분류하고 평가해서 가공함으로써 유용한 정보를 확보하는 정보활동은 성공하는 기획을 위한 필수 조건이다.

시작이 반이라는 말이 있듯, 정보가 좋으면 이미 절반은 성공한 기획이라고 말해도 좋을 것이다.

기획에서는 모든 단계가 중요하다. 특히, 정보활동을 잘못하면 시간과 노력 등 자원의 낭비를 초래하게 되므로 기획자는 다음과 같은 프로세스에 따라 효율적인 정보활동을 하여야 한다.

> ① 정보 수집 목적의 명확화
> ② 정보 소스 탐색
> ③ 필요 정보 결정
> ④ 효율적인 정보 수집 방법의 결정과 활동

◆ 가치 있는 정보의 조건

우리에게 제공되는 정보가 모두 유익하거나 쓸모 있는 것은 아니다. 가치 있는 정보란 정보 수집 목적에 맞는 정보이다. 명확한 목적 의식을 가지고 정보를 수집하고, 객관적인 문제 의식을 가지고 수집한 정보를 분석하여, 이를 근거로 트렌드를 읽고 통찰력 있는 의사 결정이 가능한 기획자가 조직을 성공시킨다.

기획자의 명확한 목적 의식과 문제 의식은 가치 있는 정보 수집의 대전제이다.

기업의 각 부문에서 필요로 하는 가치 있는 정보의 조건을 예로 들면 다음과 같다.

① 생산 부문 : 생산 효율에 영향을 미치는 정책, 제도, 여건의 변화(특히 경쟁사 정보)

② 개발 부문 : 경쟁사의 신제품 개발 동향이나 유망 분야의 설정, 개발, 상품화 관련 정보

③ 경영 부문 : 국내외 동종 업계의 경영 전략, 인사 전략, 조직 전략과 각종 제도, 경영 혁신 방안 등

④ 영업 부문 : 유저 및 관련 업계의 영업 전략, 영업 시스템 도입에 관한 노하우, 관련 전문가들의 인물 정보 등

◆ 쓸모없는 정보를 버리는 방법

우리는 정보의 홍수 속에서 '쓸모없는' 정보를 버림으로써 '가치 있는' 정보를 추려낼 수 있다. 가치 있는 정보란 버림받지 않고 끝까지 살아남는 정보이다. 날마다 쏟아지는 정보 가운데서 쓸모없는 정보를 추려내 버리지 못한다면 우리는 아마도 정보의 쓰나미에 떠밀려가게 될 것이다. 쓸모없는 정보를 과감히 버리는 아홉가지 방법을 제시한다.

① 목적이 없는 정보는 버려라.
② 손에 들어왔을 때 바로 평가해서 가치가 없으면 버려라.
③ 상대가 관심을 갖지 않는 정보는 버려라.
④ 브랜드 가치가 없는 정보는 버려라.
⑤ 자신이 이해되지 않는 정보는 미련 없이 버려라.
⑥ 유통 기한이 지난 정보는 가차 없이 버려라.
⑦ 소재지가 불분명한 정보는 바로 버려라.
⑧ 스팸 정보는 쳐다보지 말고 버려라.
⑨ 득이 되지 않는 정보는 곧바로 버려라.

◆ 신문 정보

정보는 어디에서 얻는가? 인터넷, 책, 신문, 인적 네트워크 등 여러 방법이 있을 것이다. 이 가운데 신문은 "신문 일주일치만 봐도 할 일 수백 가지가 나온다."는 말이 있을 정도로 사회 전반의 트랜드를 한눈에 볼 수 있는 가장 기본적인 정보 창고다.

하지만 수십 종이나 되는 신문들을 모두 읽을 수는 없다. 따라서 신문을 활용해 정보를 수집할 때에는 보다 효율적인 방법이 필요하다. 그 방법을 예로 들면 다음과 같다.

① 스크랩할 준비를 하고 읽는다.
② 기획 시리즈로 연재되는 기사를 확인한다.
③ 최소한 두 가지 이상의 신문을 비교한다.
④ 바쁠 때는 헤드라인과 부제를 읽고 보관해 둔다.
⑤ 광고, 특히 전면 광고 등에 주의를 기울인다.
⑥ 필요 시 인터넷 이메일 주소를 기록한다.
⑦ 게재된 내용의 근거 자료를 확인한다.
⑧ 동종 업계나 관련 업계, 특히 경쟁 관계에 있는

> 회사의 정보는 꼼꼼히 읽고 스크랩한다.
> ⑨ 관심 분야에 대한 정보는 단편적인 내용보다는 흐름에 유의한다.

    기획자는 특히 경제신문이나 종합일간지의 경제 섹션에 주목할 필요가 있다. 경제기사를 읽으면 개인적인 차원에서 재테크나 생활 정보 등을 얻을 수 있는 데다 국가적인 정책 방향의 흐름이나 사회적, 경제적 현상들도 파악할 수 있다. 이는 세상을 보는 관점과 가치 판단의 근거가 되기도 한다.

    하지만 경제기사를 모두 섭렵한다는 것이 쉬운 일은 아니다. 그렇다면 날마다 쏟아져 나오는 경제기사를 어떻게 하면 효과적으로 읽어낼 수 있을까?

매일 심층적으로 경제 현황을 분석하는 것은 전문 연구자의 몫일지 모르나, 사실 경제란 일종의 흐름이다. 따라서 비즈니스 기획자나 직장인들은 신문 머리기사와 제목만 보고도 대략적인 경제 흐름을 파악할 수 있어야 한다.

전문가들은 '경제기사 읽는 법'에 대해 다음과 같이 조언한다.

① 경제 이슈를 다룬 머리기사에 주목하라.
② 관련 기사의 제목을 눈여겨보라.
③ 산업과 증권 관련 기사를 연계해 보라.
④ 기업의 성공 혹은 실패 관련 스토리에 주목하라.
⑤ 환율과 금리와 주가를 함께 보라.
⑥ 경제 용어와 그래프를 이해하고 숙지하라.
⑦ 경제 관련 칼럼과 사설을 꼭 읽어라.
⑧ 숫자가 많은 통계기사는 중요한 수치 한둘에 집중하라.
⑨ 돈이 몰리는 금융상품에 주목하라.
⑩ 해외 경제 동향 관련 기사에 주목하라.

◆ 책 정보

앞서 언급했듯이 독서의 중요성은 아무리 강조해도 지나치지 않다. 신문에 비해 신속성은 조금 떨어질 수 있겠지만, 책 속에는 엄선돼 다듬어진 고급 정보들이 들어 있다. 또한 그 정보들은 다른 매체의 정보들에 비해 깊이도 있다.

다만 엄청난 책더미 속에서 쓸만한 정보를 찾는다는 것은 쉬운 일이 아니다. 따라서 다음에 제시하는 책 정보 수집 요령을 활용해 보기 바란다.

① 구입 전에 인터넷 등을 활용해서 서적에 대한 소개와 서평 등을 읽어보고 판단한다.
② 대형서점의 회원으로 가입해서 주기적으로 신간 서적에 대한 정보를 수집한다.
③ 신문에서 북 섹션을 자세히 읽어본다.
④ 수시로 오프라인 서점이나 인터넷 서점을 산책한다.
⑤ 서적을 분야별, 사용 빈도별로 분류해서 보관한다.
⑥ 병행 독서 방법을 활용한다.
⑦ 자주 사용하거나 인용하는 책은 표시를 해둔다.

⑧ 읽으면서 떠오르는 아이디어는 책의 여백에 기록한다.
⑨ 중요한 부분에 포스트잇 등을 부착하여 찾는 시간을 절약한다.
⑩ 같은 관심을 갖고 있는 사람과 책에 대한 정보를 공유한다.

근래에 '독서경영'이라는 단어가 전혀 낯설지 않게 되었다. 대부분의 기업들은 한결같이 독서의 중요성을 강조하고 있다.

자동차 부품업체 중에 '동양기전'이라는 회사가 있다. 이 회사는 "동양기전은 책 읽는 사람을 좋아합니다."라는 슬로건이 찍힌 책을 사원들에게 읽히고 있다. 이 회사는 '독서하지 않는 자는 입사와 승진을 사절한다'는 인사 방침을 그대로 실천하고 있다. 입사나 승진 시 반드시 책을 읽고 독서 감상문을 쓰게 만들어 이를 인사 성적에 반영하는 것이다.

 Tip 독서 시간

최근 미국의 다국적 여론조사 기관인 〈NOP월드〉가 세계 30개국을 대상으로 조사한 결과에 따르면, 우리나라 국민은 주당 3.1시간을 독서하는 데 사용하는 것으로 밝혀졌다. 이는 조사 대상국 중에서 가장 적은 시간이었으며, 인도 국민의 10.7시간과 비교했을 때 3분의 1에도 미치지 못하는 양이었다. 그런데 우리나라 국민이 인터넷 등 컴퓨터를 사용하는 데 쓰고 있는 시간은 독서 시간의 세 배에 달하는 주당 9.6시간이었다.

◆ 사람 정보

모든 정보의 출발점은 '사람'이다. 어떠한 일과 관련된 정보는 그 일과 관련 있는 사람들 속에 있다. 신문이나 서적 등 매체에 공개되지 않은 고급 정보를 몇몇 사람들만이 독점하는 경우도 종종 있다. 진짜 알짜 정보는 인맥을 통해 흐른다.

스스로에게 물어보라. 나의 인맥은 정보 저수지의 역할을 할 만큼 충분히 큰가? 그리고 나는 그 인맥을 잘 관리하고 있는가? 만약에 그렇지 않다면 어떻게 인맥을 구축해 나갈 것인가?

"마음의 문(門)은 밖에서 여는 문고리와 안에서 여는 문고리 두 개가 있다. 하나는 남을 위한 문고리이고, 다른 하나는 나를 위한 문고리이다."

이것은 인간관계의 원칙을 강조한 말이다. 자신이 먼저 문고리를 열지 않고서는 결코 다른 사람들과 함께 어울려 살아갈 수 없음을 의미하는 말이다.

기획자 역시 자신의 마음의 문에 달린 문고리를 남보다

먼저 열 줄 아는 사람이어야 한다. 즉, 성공하는 기획자가 되기 위해서는 '휴먼 네트워크'를 적극적으로 형성하고 전략적으로 관리해야 한다는 뜻이다. 이러한 인맥구조는 혈연, 학연, 지연, 직장, 종교단체, 동호회, 거래처, 각종 단체 등으로 분류할 수 있을 것이다.

기획자에게 실질적인 도움이 되는 것은 인맥의 규모보다는 질이다. 몇 명을 알고 있느냐가 아니라, 어떤 사람과 어떤 관계를 맺고 있느냐가 더 중요하다. 기획자가 갖추어야 할 인맥 정보의 핵심을 간추려보면 다음과 같다.

① 인맥은 사다리 방식이 아니라 거미줄 방식으로 형성한다.
② 자신의 전문 분야가 아닌 다른 분야의 사람과도 교류한다.
③ 만남과 인연을 소중히 하고 계획적으로 관리한다.
④ 적극적으로 듣는 것을 습관화한다.
⑤ 인포멀 그룹을 적극적으로 활용한다.
⑥ **주기적으로** 연락하는 스케줄을 작성한다.
⑦ 상대가 필요로 할 때는 자신이 가진 정보를 기꺼이 제공한다.

⑧ 비밀을 요하는 정보를 얻기 위해서는 신뢰감 형성이 먼저다.

⑨ E-Mail 및 문자 메시지를 적극 활용한다.

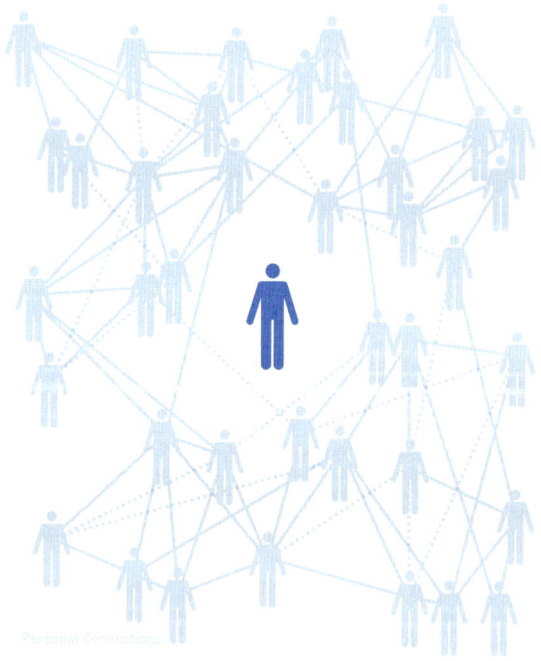

만약 지금까지 구축한 인맥 네트워크가 빈약하다고 판단되면, 새로운 인맥을 구축하기 위해 보다 열심히 노력해야 한다. 이를 위해 새로운 인맥 구축을 위한 다섯 가지 원칙도 함께 제시한다.

> ◇ **새로운 인맥 구축을 위한 5가지 원칙** ◇
>
> ① 지금 내가 서 있는 곳에서부터 인맥을 구축해 나간다.
> ② 새로운 인맥의 개발보다 기존의 인맥부터 관리한다.
> ③ 지금 인맥을 잘 관리하면 예상치 않은 새 인맥을 발견할 수 있다.
> ④ 인맥 구성은 자기 연출에서 출발해 자기의 노력에 따라 결과가 달라진다.
> ⑤ 인맥의 구축은 '양' 보다 '질' 의 차원에서 접근해야 한다.

3장

경영 환경 및 정보 분석

    오늘날 기업은 갈수록 치열해지는 경쟁 구도 속에 놓여 있다. 이러한 경쟁에서 이기기 위해 가장 필요한 것은 변화에 대한 대응 능력이다. 기업에 영향을 미치는 요소들에 대한 정보를 어디서 어떻게 수집하고 분석해서 어떠한 방법으로 변화에 대응할 것인가?

    오늘날 비즈니스 기획의 대부분은 이 물음에 대한 답을 구하려는 시도로부터 출발한다. 변화에 적절하게 대응하기 위해서는 끊임없는 정보 수집과 분석이 반드시 필요하다. 고객의 니즈를 제대로 파악해서 그들을 감동시키려면 경영 환경에 대한 분석이 필수적인 것이다.

경쟁 관계에 있는 타사의 강점과 약점 그리고 자사의 강점과 약점을 파악하고, 나아가 기업 환경에 영향을 끼칠 수 있는 정치, 경제, 사회, 문화적 측면에서의 환경 변화도 항상 주시하고 있어야 한다. 이러한 거시적 환경 변화에 대한 분석의 중요성은 날로 커지고 있으며, 이때 활용되는 다양한 분석 도구들은 다음과 같다.

◆ 3C 분석

기업이 경영활동을 하는 내내 끊임없이 분석해야만 하는 3C란 바로 고객(Customer), 경쟁자(Competitor), 자사(Company)이다. 이는 경영 환경을 구성하는 세 가지 요소이기도 하다. 3C 분석의 핵심은 자사의 사업에 영향을 끼치는 환경 요인은 무엇이고, 그 요인을 움직이는 매커니즘은 무엇인가를 밝혀내는 데에 있다.

3C 분석 시에는 분석 대상 별로 다음과 같은 정보들을 수집하고 분석해야 한다.

(1) 고객 (Customer)

고객 분석 시에 반드시 확인해야 하는 사항은 시장의 규모 및 추이이다. 더불어 주 고객은 누구이며, 그들의 특성과 속성은 어떠한가? 시장 동향, 표적 시장, 고객의 욕구 등이 주요 분석의 포인트가 된다. 이때 활용하는 고객 세분화(Segmentation)는 매우 유용한 분석의 도구이다. 비즈니스 기획을 위한 분석에서 이와 같은 고객 분석은 대단히 중요한 핵심 분석 사항이다.

(2) 경쟁자 (Competitor)

경쟁자 분석 시에는 자사의 주 경쟁자를 명확히 지정하여 그들의 강점과 약점을 객관적인 시각으로 찾아내야 한다. 또한, 상대적 경쟁력이나 모델이 되는 선진 기업의 성공 요인과 그것이 자사에 주는 의미 등도 분석해 내야 한다.

(3) 자사 (Comjpany)

자사 분석 시에는 자사의 주요 제품과 서비스, 업적(매출·이익), 자사의 사업 운영 흐름 및 조직 체계 등의 현황과 정량화할 수 있는 자사의 강약점, 목표 등에 대한 분석을 주로 한다. 강점, 약점, 기회, 위협 요인을 분석할 때는 SWOT 분석 툴(Tool)을 주로 사용한다.

◆ FAW(Forces At Work) 분석

사업에 영향을 미치는 거시적인 환경을 분석하는 기법이다. 3C 분석을 사용하는 경우에 거시적인 분석이 빠지게 되는데, 이러한 단점을 극복하기 위해 사용하는 것이 FAW 분석이다. FAW 분석은 다음과 같은 사항들을 주 분석 대상으로 한다.

① 규제 정보 : 환경, 공정거래법, 인허가, 뇌물 방지 등
② 판매, 유통 정보 : 고객 의식, 유통 채널, 경쟁사 판매 전략, 경쟁사 유통 전략 등
③ 금융 정보 : 금리 정책, 통화 정책, 환율 자금 사정 등
④ 구매, 생산 정보 : 원자재 시황, 설비업체 동향, 구매처 전략, 경쟁사 구매 전략, 경쟁사 생산 전략 등
⑤ 노동 정보 : 인력 수급, 임금 수준, 노무 관리, 노동 정책 등
⑥ 기술 정보 : 신제품 개발, 생산 기술, 유통 기술, 정보처리 기술 등

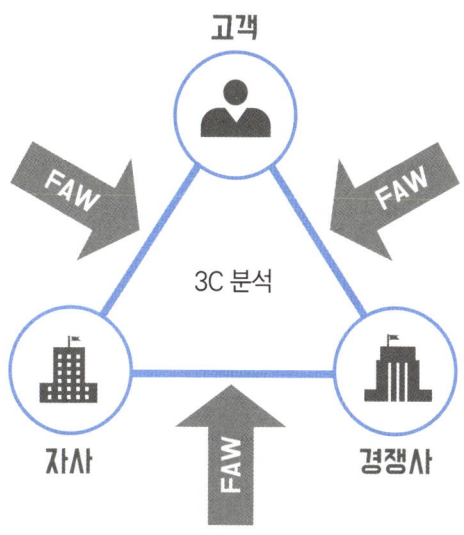

◆ SWOT 분석

환경을 분석하는 목적은 시장에서 자사의 기회와 위협 요인들을 찾아내어 전략적인 과제를 명확하게 수립하는 데 있다. 환경 분석은 크게 외부 분석과 내부 분석으로 나눌 수 있다.

외부 분석에는 거시 환경 분석(정치, 경제, 기술, 사회, 문화), 고객 분석(구매 인구, 구매 결정 프로세스, 구매 결정자, 구매 행동에 영향을 미치는 요인), 경쟁사 분석(경영 전략, 성과, 경영 자원) 등이 있다.

내부 분석은 경영 전략, 기업 문화, 제품 특성, 시장 점유율, 기존 마케팅 전략의 장점 및 단점, 인적 자원, 최고 경영자의 리더십, 자금력 등을 확인해서 자사의 강점과 약점 등을 분석하는 것을 말한다.

환경 분석

외부 분석			내부 분석
거시 환경 분석	고객 분석	경쟁사 분석	자사의 강·약점 분석

미국의 경영컨설턴트 알버트 험프리(Albert Humphrey)가 고안해 낸 SWOT 분석 기법은, 기업의 내·외부 환경을 분석하여 강점(Strength), 약점(Weakness), 기회(Opportunity), 위협(Threat) 요인을 규정하고 이를 토대로 경영 전략을 수립하는 것이다.

SWOT 분석은 외부로부터 온 기회는 최대한 살리고 위협은 회피하는 방향으로, 자신의 강점은 최대한 활용하고 약점은 보완한다는 논리에 기초를 두고 있다.

① 강점(Strength) : 내부 환경의 강점
   - 주요 경영 자원이나 능력
② 약점(Weakness) : 내부 환경의 약점
   - 자사 경영 자원, 능력상의 한계 또는 결함
③ 기회(Opportunity) : 외부 환경에서 비롯된 기회
   - 경쟁 우위 확보에 유리한 외부 환경 요소
④ 위협(Threat) : 외부 환경에서 비롯된 위협
   - 손해를 초래할 수 있는 불리한 외부 환경 요소

SWOT 분석

강점 (Strength)	약점 (Weakness)	기회 (Opportunity)	위협 (Threat)

SWOT 분석에 의한 경영 전략은 다음과 같다.

① SO전략 (강점 - 기회) : 강점을 살려 기회를 포착
② ST전략 (강점 - 위협) : 강점을 살려 위협을 회피
③ WO전략 (약점 - 기회) : 약점을 보완하여 기회를 포착
④ WT전략 (약점 - 위협) : 약점을 보완하여 위협을 회피

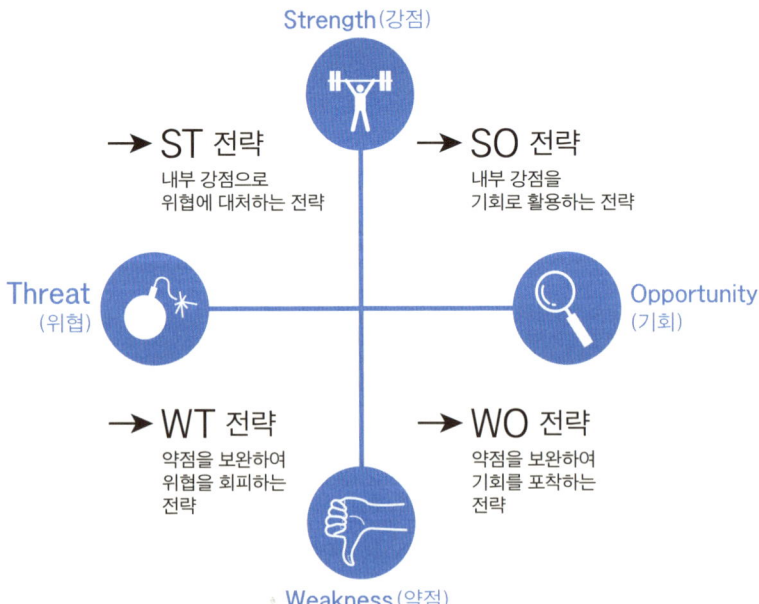

3부 - 통찰력으로 기획하기

my way of thinking

4부

논리력으로 기획하기

논리적이어야 통한다

1장

논리적 사고

기획자들은 항상 비슷한 고민을 한다.

"좀 더 논리적으로 내 생각을 표현할 수는 없을까? 만약 그럴 수 있다면 내가 만든 기획서를 다른 사람들이 이해하기가 훨씬 더 쉬울 텐데…."

기획이란 일상의 업무에서 일어날 수 있는 감을 통한 판단이나 편견에서 벗어나 '객관적 사실'에 근거하여 사고하고 판단하는 활동을 말한다. 하여 기획은 고도의 논리적 사고 능력을 필요로 한다.

기획자에게 꼭 필요한 이 논리력은 보편 타당한 근거를

통해서 만들어진다. 전략적인 기업 활동을 하는 기업들은 이해하기 쉬운 논리를 가지고 있다는 공통점이 있다.

기획자도 마찬가지이다. 성공적인 기획을 위해서는 기획에 필요한 논리 전개와 상대방이 이해하기 쉬운 논리를 전개해야 한다. 또한 상대방의 입장을 생각하고 표현해야 한다.

기획자는 결국 자신의 생각을 다른 사람에게 이해시키고 그를 설득시키는 사람이기 때문이다. 이를 위해서는 당연히 기획의 모든 자료는 사실적이어야 하며, 명확한 출처와 근거를 가지고 있어야 한다.

논리적 사고력을 가진 기획자는 객관적인 근거를 바탕으로 기획안의 결론을 제시하고, 해결하고자 하는 문제점과 대응책을 구체적으로 제시함으로써 의사 결정권자로 하여금 정확하고 신속한 결정을 내릴 수 있게 한다.

또한 함께 업무를 추진할 부서 혹은 인적 구성원에게 자신의 기획 방향을 알기 쉽게 공유시켜 협조를 얻어내며, 조직의 목표 달성에 기여한다.

논리적 사고를 하는 기획자는 단 한 줄의 표현에 있어서도 다음의 세 가지 원칙을 지킨다.

① 상대방의 입장에서 생각하고 판단한다.
② 반드시 결론을 먼저 말한다.
③ 명확한 근거를 제시한다.

논리적 사고를 통해 얻을 수 있는 효과는 수도 없이 많겠으나 몇 가지만 열거해 보겠다.

① 불필요한 생각과 행동의 비효율성을 제거할 수 있다.
 - 명확한 논리를 제시하기 위해 자신의 생각을 구조화하고 조직화하기 때문이다.
② 근본적인 해결책에 대한 아이디어를 증진시킬 수 있다.
 - 즉흥적인 문제 해결이 아니라, 문제의 원인이 되는 근본을 찾아서 체계적으로 해결책을 모색하기 때문이다.
③ 이해 당사자와 협상력을 증대시킬 수 있다.
 - 개관적 사실을 바탕으로 설득력 있는 자료와 시나리오를 작성해 협상에 임하기 때문이다.
④ 회의를 효과적으로 진행할 수 있다.

> – 상대의 의견을 이해하고 그 의견에 대한 적절한 반론을 펼칠 수 있기 때문이다.

◆ 용어의 정의

20세기를 대표하는 미국의 문명 사학자 윌 듀런트(Will Durant, 1885~1981)는 『철학이야기(The Story Of Philosophy)』에서 이렇게 말했다.

"중요한 용어를 정의하고 음미하는 것이 논리학의 알파이고 오메가이다. 심장이며 영혼이다. 이것은 매우 어려운 일이고 가혹한 시험이지만, 일단 치르고 나면 일의 반은 끝난 셈이다."

말에는 공통의 소리를 가진 것들이 많이 있다. 예를 들어 '배'라는 한 음절에는 '먹는 배', '타는 배', '사람의 배'처럼 각기 다른 의미가 있다. 말의 표현은 같지만 의미는 얼마든지 다를 수 있는 것이다.

따라서 정확한 커뮤니케이션을 위해서는 사용하는 용어에 대한 명확한 정의가 무엇보다 중요하다. 일상적인 말에서는 구분 없이 쓰는 용어라도 기획에서는 엄밀하게 구분해서 써야 하는 경우가 많다.

용어 정의는 사전적 풀이보다 때로는 더욱 정밀하게 이루어진다. 유사한 용어 간에 발생하는 미묘한 느낌 차이를 이용해 한결 더 정밀한 논리를 전개할 수도 있는 것이다. 기획에서 명확한 정의가 필요한 용어들을 예로 들면 다음과 같다.

목적

장기적인 전략을 수행해 궁극적으로 도달해야 하는 지점을 말한다. 즉, 일을 하는 이유가 되는 것이 목적이다. 따라서 목적은 일을 시작하는 단계, 즉 출발점에서 이미 정해진다. 기획의 존재 이유가 기획의 목적이 된다.

목표

일정 기간 내에 도달해야 하는 바람직한 수준 혹은 등급을 말한다. 목표는 항상 기간과 레벨을 포함해야 한다.

'언제까지 달성하겠다'가 없으면 이미 목표가 아니며, '어느 수준으로 하겠다'가 없어도 목표가 되지 못한다.

문제

바람직한 상태와 현상 간의 차이를 말한다. 그러므로 해결이 필요한 것이다.

문제점

문제의 원인 가운데서 대책을 찾을 수 있는 것을 말한다. 가령 교통사고의 여러 원인으로 폭설, 미끄러운 노면, 음주운전, 신호위반, 졸음운전 등이 있다면 이 가운데 폭설을 제외한 모든 것들에 우리는 대책을 세울 수 있을 것이다. 이것들이 바로 '문제점'이다.

배경

배경은 사전적 의미로는 '뒤쪽의 경치'를 말한다. 공간적인 개념을 포함하여 말하면 주위의 상태를 의미한다. 어떠한 현상을 만들어낸 환경적 요인이라고 할 수 있다. 배경은 현상을 압박하여 기획자의 기획에 대한 동기를 부각시킨다.

현상

현상은 현재의 상태, 현재의 상황을 말한다. 현상은 '마이크로(Micro)' 분석이 필요하다. 현상 분석은 철저히 사실 중심적이어야 한다. 자신의 주관적 의견에 의지해서는 올바른 대책을 마련할 수 없다.

콘셉트

현상 파악을 통해 명확히 설정된 과제에 대한 해결 방법을 한마디로 표현한 것이다. 기획서 내용 전체를 일관성 있게 만드는 기준이 된다.

가설

확증을 내리기 어려운 단계에서 내리는 '잠정적인 결론'을 말한다. 예를 들면, 의사가 환자를 진찰하고 몇 가지 증세를 파악한 다음에 처방을 내리는 것은 '가설'에 따른 것이다.

추론

알려져 있는 사실을 바탕으로 알려져 있지 않은 것을

알아내는 것을 '추론'이라 한다. 기획에서는 가설을 세워 설득하고자 하는 경우에 주로 사용한다.

팩트

입증 또는 반증이 가능한 것, 증거를 제시할 수 있는 것을 말한다. 따라서 팩트는 어떠한 판단의 명확한 근거가 된다.

사실

실제로 일어난 일이나 사건을 말한다. 현재 일어나고 있는 일이 바로 사실이다.

의견

나열된 개별 생각들을 말한다. 의견은 어떠한 대상에 대하여 가지는 생각이며, 논리적으로 검증되지 않아서 아직 보편성을 갖추지 못한 것이다.

기획서를 쓸 때, 사용할 용어에 대해 명확한 정의를 내리는 것이 설득으로 가는 지름길이다. 용어가 정확하면 설득을 위한 커뮤니케이션을 원활히 진행할 수 있기 때문이다. 용어 정의를 명확히 하는 습관은 기획력을 배가시킨다. 기획 과정은 기획자가 선택한 용어를 보다 정확하고 엄밀하게 정의해 나가는 과정이라고 해도 과언이 아니다. 그만큼 기획에서 명확한 용어의 정의가 중요하다는 뜻이다.

(1) 용어 정의 방법

논리학을 완성한 아리스토텔레스는 말했다.

"모든 용어의 정의는 두 가지 기준에 부합한다. 첫 번째 기준은 정의하고자 하는 용어와 동일한 특성을 가진 집단에 포함시키는 것이고, 두 번째 기준은 동일한 집단 속의 나머지 대상들과의 차이를 규정하는 것이다."

우리는 궁금한 용어가 있으면 자연스럽게 스마트폰을 꺼내 포털의 검색창에 입력시켜보곤 한다. 정의된 결과물을 확인해 보라. 분명 아리스토텔레스의 용어 정의에 부합하는 내용을 쉽게 찾아볼 수 있을 것이다.

아리스토텔레스의 첫 번째 기준을 적용하여 인간과 동일한 특성을 가진 집단을 우리는 동물이라고 말한다. 그러므로 인간은 동물류에 포함되며, 인간은 동물이다.

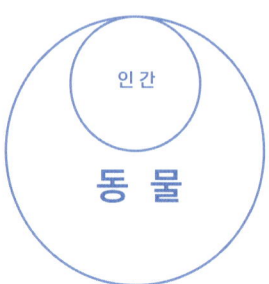

두 번째 기준을 생각해 보자. 수많은 동물들이 있는데 인간만이 가지는 특성, 즉 다른 동물들과의 차이는 무엇일까? 사회를 이루고 살아가고 있다는 것이다. 그러므로 '인간은 사회적 동물'이라고 정의할 수 있다.

그런데 생물학이 발견의 범위를 확대하면서 많은 새로운 사실들이 밝혀졌다. 꿀벌이나 개미, 원숭이 등도 나름의 작은 사회를 구성하여 살아가고 있다는 사실을 알게 된 것이다. 그러므로 용어의 정의도 진화하고 발전해 나가야 한다. 그렇지 못하면 꿀벌도 개미도 원숭이도 인간이라는 황당한 주장이 생길 수 있기 때문이다.

이에 아리스토텔레스의 두 번째 기준을 다시 적용해 보자.

많은 동물들이 본능에 따라서 행동한다. 인간만이 이성으로 본능을 조절하며 산다. 그러므로 '인간은 이성적 동물'이라고 정의할 수 있다.

(2) 용어 정의의 종류

언어의 개념을 정의하는 방식에는 본원적(사전적) 정의와 조작적 정의가 있다.

어원으로부터의 정의나 사전적, 철학적 정의를 '본원적 정의'라 하고, 무엇인가를 설명하기 위해서 내리는 정의(개념)에 의미를 부여하는 것을 '조작적 정의'라 한다. 쉽게 말하면, 사전에 나와 있는 정의를 본원적 정의라 하고, 경험에 의해서 내리는 정의를 조작적 정의라고 한다.

기획자는 부작용을 낳지 않는 범위 안에서 충분히 조작적인 용어 정의를 사용할 수 있어야 한다. 사전적 정의에만 의존할 것이 아니라 설득할 대상의 수준을 고려하여 적절하게 조작된 용어를 사용하는 것이 이해와 설득력을 높이는 방법이다. 기획안의 수준이 높으면 높을수록 용어 정의에 더욱 신중을 기해야 한다.

용어 정의에 둔한 기획자는 리더로 성장하지 못한다. 기획자는 결국 자신이 선택한 용어로 상대방을 설득하기 때문이다. 자신의 생각을 상대에게 올바르게 전달하기 위해서는 의사 표현에 '애매함'이 없어야 한다. 누가 들어도 같은 개념으로 받아들일 수 있는 용어를 쓰는 것이 중요하다. 쉽게 말하면, 어떤 용어를 두고 상대방과 당신이 같은 그림을 그릴 수 있어야 한다는 뜻이다. 이것이 바로 기획이다.

일정 규모 이상의 조직에서 대부분 용어집을 만드는 이유는, 명확한 용어 정의를 통해 커뮤니케이션의 효율성을 극대화하기 위함이다.

◆ 용어 속 트랜드

대중매체 기사에는 트랜드를 반영하는 신조어들이 날마다 등장한다. 이러한 신조어들은 어떤 트랜드의 특징을 특별한 감각과 언어를 가지고 압축적으로 표현해서 시선을 끌도록 만들어낸 용어들이다.

기획자는 이와 같은 신조어가 가진 의미는 물론이고 '조작적 정의'에 따라 쓰인 용어의 의미도 간파하고 있어야 한다. 그러한 용어들의 뜻을 파악하는 과정에서 일련의 트랜드는 저절로 감지될 것이기 때문이다.

다만 기획의 본질을 왜곡시키는 과시성 신조어는 되도록 사용하지 않는 것이 좋다. 물론 기획의 목적과 내용을 가장 적절하게 나타낼 용어를 찾다 보면 불가피하게 새로운 용어를 만들어야 하는 경우도 있지만, 그럴 때라도 매우 신중해야 한다. 또한 기획 용어에 불필요한 외국어나 외래어를 남발하는 것도 경계해야 할 사항이다.

2장

논리의 이해

'논리란 무엇인가?'라는 물음에 단순하면서도 명쾌하게 답할 수 있는 사람이 몇이나 될까? 논리를 알기 쉽게 설명하는 것은 쉽지 않은데, 이 '논리'를 명쾌하게 정의한 회사가 있다. 바로 맥킨지 컨설팅이다. 그들은 논리를 이렇게 설명한다.

"논리는 결론이 그 하위의 근거와 세로로는 so what? 과 why so? 로 계층을 이루고, 동일 계층 내의 복수의 근거가 MECE(Mutually Exclusive & Collectively Exhaustive) 되어 있는 것이다."

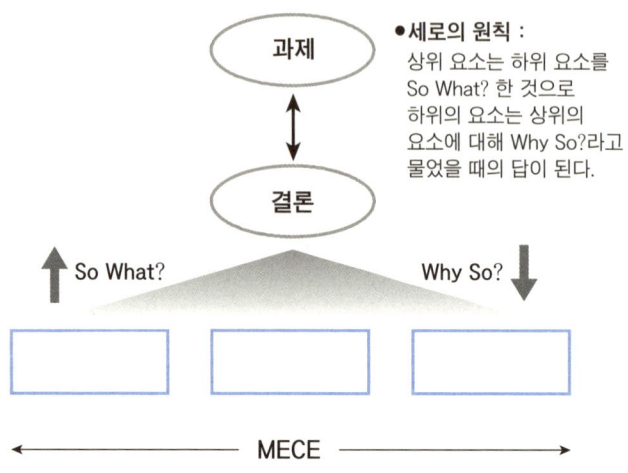

- 세로의 원칙 : 상위 요소는 하위 요소를 So What? 한 것으로 하위의 요소는 상위의 요소에 대해 Why So?라고 물었을 때의 답이 된다.

- 가로의 원칙 : 동일 계층 내에 있는 복수의 요소가 상위 요소에 대하여 MECE한 관계가 된다.

늦둥이 막내아들을 43세에 낳아준 아내를 대신해서 장을 보던 때가 있었다.

"여보! 슈퍼 가서 우유랑 상추 사 올 건데 뭐 더 필요한 것 있어?"

TV를 보던 아내가 "포도가 먹고 싶어. 조금만 사다 줘요."라고 말하며 내 쪽으로 잠시 고개를 돌린다. 현관에서 신발을 신고 있는데 아내가 갑자기 일어서며 말한다. "냉장고에 감자 있는지 한 번 보고요. 역시 감자도 사야겠

어요. 그리고 가는 김에 당근하고 오렌지도 좀 사다 줘요."
막 현관문을 나서려는데 아내의 목소리가 들린다.

"버터도 필요해요. 사과하고 크림도 꼭 사 와요."

헷갈리기 시작한다. 도무지 정리가 되질 않는다. 사 와야 할 물건들을 쉽게 기억할 수 있는 방법은 없을까?

일단은 같은 종류끼리 묶어보았다. 야채류와 과일류 그리고 유제품류로 분류할 수 있었다. 야채류에 속하는 것은 상추, 감자, 당근이다. 과일류에 속하는 것은 포도와 오렌지, 사과다. 마지막 유제품류에 속하는 것은 우유와 버터와 크림이다.

이제야 머릿속에 정리가 된다. 이것은 단지, 사 와야 할 물건들을 논리적 구조에 부합하는 위치에 가져다 놓은 것에 불과하다. 그런데 희한하게도 9개의 물건을 하나도 빠짐없이 모두 다 사 올 수 있었다. 이것이 바로 논리의 힘이다. 논리력이다.

"사 와야 할 물건들은 어떤 것들이었지?"라는 물음에 답이 쉽게 떠오른다. 야채류와 과일류, 그리고 유제품류에 속한 것들이었다. "사 와야 할 야채류에 속한 것들은 무엇이었지?" 역시 쉽게 기억해 낼 수 있다. 상추와 감자, 당근. 결론을 Why so? 해보면 그것을 떠받치고 있던 근거나 방법이 답이 되는 구조를 하고 있다.

　포도와 오렌지와 사과를 묶어서 한마디로 표현한다면 즉, So what? 해보면 그것은 과일류라고 할 수 있다. 야채류와 유제품류와 과일류에 속하는 9개의 물건들이 내가 사와야 할 것들이 된다. 결론이 그 하위의 근거나 방법과 세로로 so what? 과 why so? 로 계층을 이루고 있는 것이다.

　또한 9개의 물건들은 같은 종류별로 3개의 바구니에 나눠서 담았다. 이때 준비한 3개의 바구니는 9개의 물건을 하나도 빠짐없이 담아낼 수 있었다. 같은 종류별로 한 바구

니에 담았다. 사과는 과일 바구니에만 담아야 하며, 유제품 바구니나 야채 바구니에 담아서는 안 된다.

    이것이 바로 앞에서 설명한 '결론을 지지하는 동일 계층 내의 복수의 요소가 상호 간에 중복되지 않고 전체적으로 누락이 없는 상태' 즉, MECE(Mutually Exclusive & Collectively Exhaustive)한 상태인 것이다.

 논리에 관한 재미있는 비유

- 논리가 장황하면 비만이다.
- 핵심이 빠진 논리는 빈혈이다.
- 전문용어, 외래어, 약어를 남발하면 피부병이다.
- 논리의 앞뒤가 바뀌면 소화불량이다.
- 어법과 문법에 어긋나는 표현은 골절상이다.

◆ 논리의 활용

 논리는 복잡한 기획서를 작성할 때뿐만이 아니라 단순한 보고나 일상적인 대화에도 반드시 필요하다. 세계적인 정치가였던 처칠은 논리를 통한 협상의 대가였다. 그는 항상 〈결/근/방〉 형식으로 말하고 요약했다고 한다.
 〈결/근/방〉 형식으로 말하는 방법은 다음과 같다.

① 결론을 먼저 말한다.
② 근거를 제시하여 상대에게 믿음을 준다.
③ 결론이 기대하는 것이 행동일 경우에는
　 방법도 함께 제시한다.

결론 ⋯> 근거 제시 ⋯> 방법 제시

논리적으로 상대방을 설득할 줄 아는 사람들의 특징이다.

① 명확하게 말한다.
② 정보(근거)에 강하다.
③ 체계적이고 구체적이다.
④ 결론부터 말한다.
⑤ 목소리와 제스처가 자연스럽다.

반면 비논리적인 사람들에게서 볼 수 있는 공통된 모습들은 아래와 같다.

① 말끝을 흐린다.
② 근거가 부족하다.
③ 감정부터 내세운다.
④ 상대방에게 부담 주는 행동을 자주 한다.
⑤ 장황하게 설명한다.

우리가 직장생활을 하면서 상사들로부터 수도 없이 들어온 말이 있다.

"결론이 뭐야?"

결론을 다 듣고 나서, 결론이 그렇게 될 수밖에 없는 이유나 근거가 궁금하면 상사는 그제서야 묻는다.

"이유가 뭔데? 그럼 어떻게 하자는 건데?"

이제부터는 상사가 소리 지르기 전에 제발 그들이 원하는 대로 해주자.

결론 ⇨ 근거 ⇨ 방법으로!

◆ 논리의 전개

(1) 연역법

연역법은 대전제-소전제-결론의 '3단 논법'에 따라 논리를 전개하는 방법이다. 연역법은 근거를 분명히 제시해서 결론에 이르는 해설형 논리 전개 방식이다.

설득을 하거나 동기부여를 하거나 전략이나 정책을 제안할 때 적합한 논리적 접근법이라고 할 수 있다. 즉 어떻게 결론에 도달했는지 그 흐름을 강조함으로써 확신을 갖도록 만드는 것이 연역법이다.

- 대전제 : 모든 사람은 죽는다.
- 소전제 : 나잘난은 사람이다.
- 결론 : 그러므로 나잘난은 죽는다.

위 예문에서 '나잘난은 죽는다'는 결론은 '모든 사람은 죽는다'라는 대전제에서 끌어낸 결론이므로 대전제의 일부일 뿐, 새로운 지식은 될 수 없다. 따라서 연역법은 새로운 것을 찾아내는 데는 적합하지 않다.

또한 연역법은 대전제로부터 결론을 도출해 내는 것이

기 때문에 '대전제'가 잘못됐을 경우는 '결론'도 잘못될 수밖에 없다.

(2) 귀납법

기획에서 현상 분석을 할 때 보통 귀납적 접근법을 취한다. 여러 가지 경험을 통해 얻어진 과학적 지식들도 이 귀납법에 의해 얻어진 지식으로, 진리일 가능성이 높은 경험적 지식이다. 귀납법에서는 결론을 강조하기 위해 여러 가지 이유나 방법을 열거해 그 타당성을 강조한다. 즉, 증명이 될 수 있는 사실을 늘어놓은 뒤 마지막에 결론을 도출하는 것이다.

- 소크라테스는 죽었다. 공자도 죽었다. 석가도 죽었다.
- 소크라테스, 공자, 석가는 사람이다.
- 그러므로 모든 사람은 죽는다.

연역법과는 달리 귀납법에서는 자동으로 결론이 도출되는 것이 아니기 때문에 상상력이 필요하다. 귀납법의 결론, 즉 룰(Rule)은 하나라고 단정할 수 없다는 점을 주의해야 한다. 또한 귀납법의 결론은 진리일 가능성이 높은 것이지, 그것 자체가 완벽한 진리라고 볼 수는 없다. 모든 사항에 대한 관찰이 불가능하기 때문에 귀납법에 의한 결론은 보통 '~일 것이다'의 추측 형태로 표현된다.

    귀납법은 관찰 사항에서 공통점을 찾아내 일반적인 룰을 도출하고, 연역법에서는 일반적으로 검증된 룰을 대전제로 해서 작은 결론을 끌어내는 것이다. 하지만 실제 논리 전개에서는 귀납법과 연역법이 독립적으로 활용되는 것이 아니라 복합적으로 활용된다. 일반적 현상을 나열해 얻은 귀납적 결론은 연역적 논리 전개를 위한 대전제로 활용되기도 한다. 그리고 다시 그 대전제에 의한 논리를 펼침으로써 새로운 연역적 결론에 도달하기도 한다.

    이와 같이 연역법과 귀납법은 새로운 진리를 발견하고, 그것을 다시 현실에 적용하는 것을 반복함으로써 문제점을 해결하는 로지컬 씽킹의 복합적 도구로 활용된다.

    지금까지 살펴본 연역적 논리 전개와 귀납적 논리 전개의 장단점을 정리해 보자.

    먼저 연역법의 장점은 이야기 흐름과 선체 상황을 이해하기 쉽다는 데 있다. 그래서 다양한 해결안이 필요치 않은 경우에 유효하다. 또한 결론에 반대 입장을 취하는 사람이 많은 경우에도 유효한 방법이다. 하지만 대전제와 소전제를 이어가는 과정에서 상대방이 반대를 하거나 동의하지 않는 경우에는 논리의 흐름 자체가 정지해 버리는 리스크가 발생할 수 있다. 또한 So What에 이르기까지 상대는 많은 정보들을 기억해야 하는 것도 단점이라 할 만하다.

한편 귀납법은 요점을 이해하기 쉽다는 장점이 있다. 따라서 행동 지향의 상대방에게 유효한 논리 전개 방법이다. 또한 열거형 논리는 하나의 요점이 받아들여지지 않는다 하더라도 논지의 맥이 끊이지 않고 다른 요점은 유지할 수 있다는 장점도 있다. 그러나 요점을 열거하는 과정에서 상대에게 부담을 줄 우려가 있고, 전후 사정을 이해하지 못한 상대에게는 거부감을 줄 우려도 있다는 단점이 있다.

◆ 논리의 개발

원하는 기술을 습득하기 위해서는 지속적인 훈련이 필요하다. 맞는 말이다. 그런데 피나는(?) 훈련만으로 정말로 원하는 수준의 기술 습득이 가능할까? 꼭 그렇지만은 않다.

〈주먹이 운다〉라는 케이블 TV 프로그램이 인기리에 방송된 적이 있다. 숨어 있는 주먹들을 찾아내어 서로를 경쟁시키며 최강자로 만들어가는 과정을 보여주는 프로그램이다. 가끔 혼자서 싸움의 기술을 연마했다는 자신만만, 기세등등한 사람들이 등장한다. 고수와의 한판 대결로 프로그램에 참가할 자격을 검증하는 과정에서 이들은 처참하게 부서진다.

왜 그럴까? 자신이 고수인줄 알았는데 실력자를 만나 맞아보니 자신만의 착각이었다는 사실을 깨닫게 된 것이다. 자기 실력이 객관적으로 드러난 것이다. 피나는 훈련만으로는 일정 수준 이상의 기술을 습득하는 것이 어렵다. 중간 중간 자신의 실력을 객관적으로 검증할 수 있는 단계가 있어야 원하는 수준의 기술을 습득할 수 있다. 바로 피드백이다. 자신의 현재 위치에 대한 객관적 피드백을 통해 부족한 부분을 찾고, 이를 보완하고 수정하는 과정은 원하는 기술 습득의 필수 조건이다.

논리력도 마찬가지이다. 논리의 구조로써 검증을 해 보아야 한다.

"결론을 Why so? 했을 때 결론 밑의 근거나 방법이 답이 되는가?", "근거나 방법을 요약(So what?)하면 결론이 되는가?"라는 질문에 답하는 과정이 논리적 비약을 검증할 수 있는 도구 역할을 하는 것이다. "MECE 포켓에 중복이나 누락은 없는가?" 란 질문의 답을 구하는 과정에서 중복된 것을 제거하고 누락된 것을 채워 나가다 보면, 어느새 성장해 있는 자신의 논리력을 발견할 수 있게 된다.

윌 듀런트의 논리학에 대한 정의를 떠올려보자.

"중요한 용어를 정의하고 음미하는 것이 논리학의 알파이고 오메가이다. 심장이며 영혼이다. 이것은 매우 어려운 일이고 가혹한 시험이지만, 일단 치르고 나면 일의 반은 끝난 셈이다."

논리력은 논리 구조를 통한 검증과 함께 용어 정의의 끊임없는 시도를 통해서 완성된다. 이제부터 기획자로서 내 주변의 사물이나 일, 사건들을 용어 정의해 보자. 자꾸 시도하다 보면 점점 더 쉬워질 것이다. 이것만 잘 해도 일의 반은 끝난 것과 같다고 하질 않는가? 기획도 마찬가지다. 기획 용어들만 잘 정의해도 기획의 절반은 이미 성공한 것이다.

주제와 소재

　논리적인 기획자는 말을 할 때 주제와 소재가 명확하다. 상대방의 말을 들은 후 머릿속에 남는 것을 '주제'라 하고, 그 주제를 머릿속에 남기기 위한 도구를 '소재'라 한다. 남을 설득하기 위해서는 바로 이 주제와 소재가 명확해야 한다. 논리적인 기획자는 '소재'를 논리적 도구로 삼아 '주제'를 설득한다.

　예전에 막강한 재력을 가졌던 한 경제인의 집에서 청소 일을 하던 한 청소부가 변기 속에서 벽돌 하나를 발견했다. 평범한 사람들도 대수롭지 않게 생각하는 변기 안의 물을 조금이라도 아끼기 위해 엄청난 재력가가 변기 안에 넣어둔 벽돌을 보며 그 청소부 또한 절약 정신을 가슴 깊이 새기게 되었다고 한다.

　이 사례에서 절약 정신은 주제이고 벽돌은 소재가 되는 것이다.

◆ 논리의 구조화

성공하는 직장인들은 기획서나 보고서를 작성할 때 원 페이지만으로도 전하려는 내용을 명확하게 담아낼 줄 안다. 원 페이지 안에 기획한 내용을 효과적으로 담아낼 수 있으므로 굳이 수십 장의 기획서를 쓸 필요를 느끼지 못하며, 쓸모없이 시간을 낭비하지 않는 것이다.

"진정한 프로는 수십 장 분량을 압축하면서도 말하고자 하는 바가 분명한 오직 한 장의 완벽한 기획서로 보스를 감동시킨다."는 패트릭 G. 라일리의 말이나 "더 이상 단순해질 수 없을 때까지 최대한 단순해지는 것이 가장 좋다."는 앨버트 아인슈타인의 말은 시사하는 바가 크다.

대부분의 기획서가 도해와 각종 비주얼 자료들을 동원해서 여러 장으로 구성되어 있기는 하지만, 그런 경우에도 기획자는 원 페이지 분량으로 기획서를 요약해서 언제든지 프레젠테이션할 수 있도록 준비해 두어야 한다.

그렇다면 원 페이지 기획서는 어떠한 구조로 만들어야 할까?

결론부터 말하자면, 논리와 동일한 구조여야 한다. 과

제 부분에 제목을 쓰고, 결론 부분에는 목적을 쓴다. 이것은 모든 비즈니스 문서에 동일하게 적용되는 패턴이다.

결론을 떠받치는 근거는 기획서의 종류에 따라 그 내용에 약간의 차이가 있다. 품의형 기획서의 경우, 어떻게 메시지를 논리적으로 구조화하고 원 페이지 문서 안에 담아내는지의 사례를 아래에 소개한다.

문제 해결형이나 프로젝트형, 제안형의 기획서들도 한 장의 페이지로 문서화하는 방법은 품의형 기획서의 경우와 동일하다.

▼ 품의형 기획서의 논리 구조

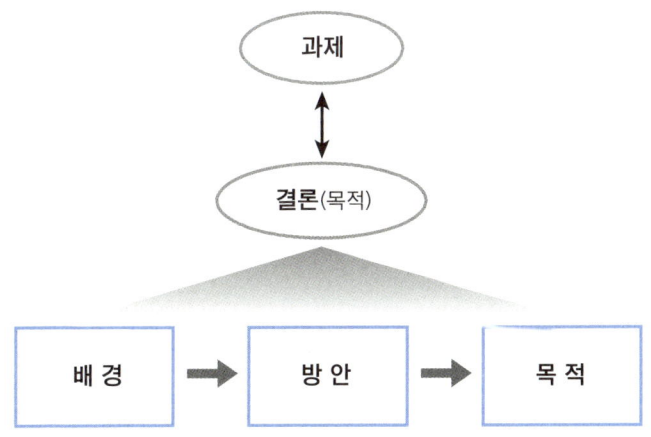

▼ 품의형 기획서의 원 페이지 문서 형식

미국 B/M 출장 품의 요청서

날짜 : 2017년 8월 15일

성명 : 송민규

1 목적 : 선진 HR을 벤치마킹하여 인적 생산성을 극대화 시킴.

2 현상 : _____

3 해결 방안 : _____

4 출장 내용
 - 방문 업체 : _____
 - 방문자 수 : _____
 - 출장 일정 : _____
 - 소요 경비 : _____

5 세부 일정 : _____

6 효과 : _____

▼ 문제 해결형 기획서의 논리 구조

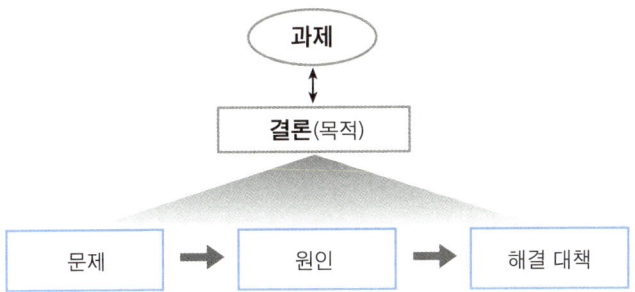

▼ 프로젝트형 기획서의 논리 구조

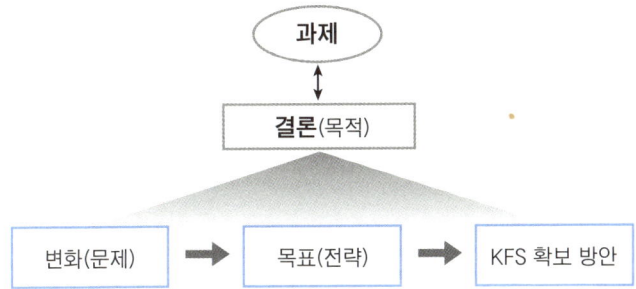

▼ 제안형 기획서의 논리 구조

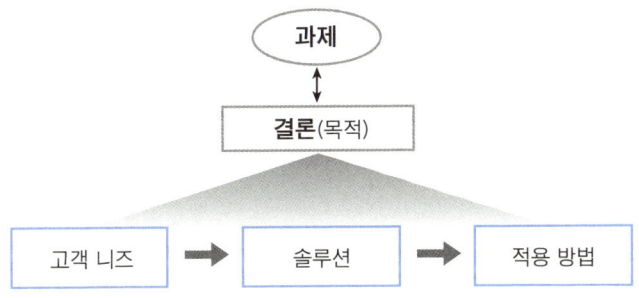

my way of thinking

5부

표현력으로 기획하기

알기 쉽게 써야 설득력도 생긴다

1장

글을 통한 표현

　기획한 결과물을 표현하는 도구는 글이다.

　기본적인 구조를 갖춘 글을 우리는 문장이라고 하며, 이 문장을 어떻게 효율적으로 연결시키느냐가 설득의 관건이 된다. 이때 문장을 효율적으로 연결시키는 능력이 바로 글쓰기 능력이라고 할 수 있다.

　글쓰기는 단지 생각을 표현하는 것에서 머무르지 않고 이이디어의 창출, 기획, 요약, 설득, 정보 진달 등에 활용된다. 현재 자기 자신이 가진 모든 지적 능력을 한 단계 발전시켜주는 중요한 발판 역할을 하는 셈이다.

그렇다면 우리는 어떻게 글쓰기 능력을 키워낼 것인가? 그나마 다행스럽고 공평한 것은 처음부터 글을 잘 쓰는 사람은 없다는 사실이다. 따라서 우선은 "나는 왜 이렇게 글을 못 쓰는가?"라는 자기 질책으로부터 자유로워질 필요가 있다.

그 다음이 중요하다. 매일 '쓰기'를 생활화함으로써 글 쓰는 습관을 들이자. 수시로 자신의 생각을 정리하여 쓰다 보면 어느새 논리적으로 사고하고 표현하고 있는 자신의 모습을 발견하게 될 것이다.

◆ 기획서 작성의 원칙

기획서를 작성할 때는 특히 읽는 사람의 입장을 고려해서 써야 한다. 의사 결정권자를 설득하기 위해서는 당연히 그가 알기 쉽게 써야 하고, 간결하게 써서 그가 한눈에 볼 수 있게 해야 한다. 또한 설득력 있게 작성해야 기획자가 원하는 결과를 얻어낼 수 있다.

(1) 알기 쉽게 쓴다

비즈니스 글을 쓸 때에는 알기 쉽게 써야 한다. 읽는 사람을 고려하여 조금만 더 고민하여 글을 쓴다면 읽는 사람은 훨씬 더 쉽게 이해하고 의사 결정도 빨라질 수 있다. 그렇다면 어느 정도의 수준으로 쓰는 것이 적당할까? 고등학교 졸업자가 읽고서 이해할 수 있는 수준이면 적당하다.

어려운 단어 사용은 피하고, 동료들끼리 쓰는 속어나 은어도 사용하지 말아야 한다. 일반화되지 않은 약어도 사용하지 말아야 하며, 전문용어도 읽는 사람을 고려하여 신중하게 사용하여야 한다. 또한 기본적인 문장 구성의 원직을 지켜야 한다. 기본을 갖추지 못한 글은 읽는 사람의 짜증을 유발할 뿐이다.

기획서를 쓸 때 꼭 지켜야 할 몇 가지 문장 구성의 상식을 열거하면 다음과 같다.

> ① 문장에서 주어와 술어를 확실히 한다.
> ② 새로운 단락이 시작되는 첫 글자는 들여 쓴다.
> ③ '이다'와 '입니다' 가운데 하나로 통일한다.
> ④ 문장이 끊어진 곳은 쉼표, 끝나는 곳에는 마침표를 찍는다.
> ⑤ 생소한 용어와 특수한 용어는 설명을 붙인다.
> ⑥ 본문의 흐름에 맞지 않는 설명은 각주로 넣는다.
> ⑦ 인용은 큰 따옴표(" ")로 확실히 구분해 준다.
> ⑧ 인용문은 원문을 정확히 기재하고, 반드시 출처를 밝힌다.

(2) 간결하게 쓴다

기획서나 제안서, 보고서 같은 비즈니스 문서는 간결하게 작성하되 일정한 형식을 갖추어 써야 한다. 사실을 바탕으로 하여 논리적으로 써야 하고, 그 내용이 현실적이어야 한다.

비즈니스 문서 작성 시에 유의해야 할 몇 가지 사항들이다. 체크 리스트라고 생각해도 좋을 것이다.

① 표지에 제출 일시와 제출자 이름을 명시한다.
② 인사나 형식적인 수사 등은 생략한다.
③ 목차 맨 앞에 주제(목적/문제의식)를 명확히 서술한다.
④ 상사에게 올리는 기획서라도 굳이 경어를 사용할 필요는 없다.
⑤ 형용사나 부사는 사용을 최소화하고 감상적인 표현도 쓰지 말아야 한다.
⑥ 내용이 많은 경우에는 항목을 나누어서 쓰도록 한다.
⑦ 요점은 번호를 매겨 정리한다.
⑧ 하나의 문장 안에서 중복된 의미를 포함하는 용어의 사용을 피한다.
⑨ 한 문장 안에서 같은 단어의 반복을 최소화한다.

(3) 설득력 있게 쓴다

앞에서 언급한 바와 같이 기획서의 문장은 알기 쉽고, 간결해야 한다. 하지만 그것만으로는 부족하다.

머리로 이해한 고객이나 상사를 움직이게 하는 것은 설득력이다. 설득된 고객이나 상사는 행동한다.

설득력을 높이는 문장을 작성하는 방법을 예로 들면 다음과 같다.

① 제목은 형식에 맞게 제대로 작성한다.
② 제목에 부합하는 내용들을 일관성 있게 다룬다.
③ 전체 맥락 속에서 논리적인 프로세스에 따라 기술한다.
④ 뜻이 분명하지 않은 용어는 사전을 찾아 확인한다.
⑤ 의견이 아니라 팩트와 데이터를 가지고 설득한다.
⑥ 정보의 출처를 분명하게 밝힌다.
⑦ 형용사, 부사 등의 수식어는 되도록 사용을 자제한다.
⑧ 문장으로만 설명하기 어려운 것은
   그래프나 도형을 함께 사용한다.

◆ 기획서의 점검

 문장을 전체로 보되, 한 글자씩 끊어 읽으면서 점검한다. 완성된 기획서라 할지라도 오자나 탈자는 없는지, 데이터 등이 잘못된 것은 없는지 반드시 확인해야 한다. 막연하게 틀린 곳이 없을 것이라고 믿었다가는 큰 코 다친다.
 사소한 실수가 기획서 전체의 신뢰도에 치명적인 영향을 줄 수도 있음을 명심해야 한다.

 직장생활의 베테랑이라 할지라도 문장의 불완전함을 막을 수는 없다. 따라서 문서를 작성할 때는 '반드시 틀린 곳이 있다'는 사실을 전제로 삼아야 한다. 문장 교정은 네 번 정도 보는 것이 좋다.
 초교에서는 오자, 탈자 등을 살피고 잘못된 어투는 없는지를 가려야 한다.
 재교에서는 데이터나 숫자를 잘못 인용하지는 않았는지를 가려야 한다.
 3교에서는 표현은 정확한지, 의미가 불분명한 곳은 없는지 등을 본다.
 마지막 4교에서는 전체적으로 쉽게 읽히는지의 여부를

점검한다.

메모하는 습관은 자기 관리의 기본이다. '직장인'의 대열에 당당히 끼고 싶다면 자신 있게 수첩부터 꺼내 들어라. 성공은 소소한 것에서부터 시작된다.

 메모를 잘하는 7가지 비결

① 메모를 자랑스럽게 생각하라.
　때와 장소를 가리지 않아도 되는 것이 바로 메모이다.
　메모하는 습관을 자랑스럽게 생각하라.
② 모든 것으로부터 관찰자가 되라.
　메모를 잘 하기 위해 가장 기본이 되는 것이 바로
　'관찰'이다. 끊임없이 관찰하고 기록하라.
③ 자신만의 암호를 만들어라.
　메모는 자신만의 것이다. 그리고 메모가 꼭 '장문의 서'일
　필요는 없다. 자신만 알아볼 수 있을 정도로 신속하게
　메모하는 습관을 들여라.
④ 중요한 것은 눈에 띄게 표시하라.
　메모에도 키 포인트가 있다. 정말 중요한 사항은 밑줄을

긋거나 색 볼펜을 활용하는 등 자신만의 방법으로
표시를 하는 것이 좋다.
⑤ 메모를 복습하라.
메모하는 것이 전부가 아니다. 시간이 지난 후에 반드시
그 메모를 다시 읽어보는 것이 더 중요하다.
⑥ 메모를 정리 정돈하라.
메모는 곧 재산이다. 자신의 재산을 잘 관리하기 위해서
반드시 필요한 덕목 중의 하나가 정리정돈이다.
⑦ 필요한 것은 무엇이든 스크랩하라.
메모의 기술 중 빠뜨릴 수 없는 것이 바로 스크랩이다.
스크랩 역시 메모의 일환임을 명심하라.

2장

그림을 통한 표현

간혹 어떤 메시지는 말로 하는 설명만으로는 전달하고자 하는 의미를 다 전하지 못하는 경우가 있다. 이런 경우에 우리는 그림을 그리면서 설명하거나 직접 보여주면서 말하곤 한다.

기획서에 담는 데이터는 크게 두 종류가 있는데, 하나는 정량적 데이터이고 다른 하나는 정성적 데이터이다. 정량적 데이터를 그림으로 표현할 때 사용하는 도구가 그래프이고, 정성적 데이터를 그림으로 표현할 때 사용하는 도구는 도형이다. 정량적, 정성적 데이터 둘 다를 그림으로 표현할 때 우리는 표를 활용한다.

이제 각각의 표현 도구들의 종류와 쓰임새에 대해서 알아보자.

◆ 정량적 데이터의 표현 도구 - 그래프

기획서 작성 시 복잡한 통계나, 순위, 비율 등의 정량적 데이터를 포함하는 메시지는 그래프로써 시각화하는 것이 원칙이다. 수치를 그래프로써 표현하면 일목요연하게 정리된 느낌을 줄 수 있으며, 보는 사람이 훨씬 쉽고 빠르게 그 메시지를 이해할 수 있기 때문이다.

정량적 데이터를 시각화할 때에는 그 특성에 맞는 그래프를 올바르게 선택하는 것이 중요하다. 그래프의 종류별 쓰임새는 다음과 같다.

(1) 원 그래프

구성 요소별로 그 비율을 보여주고 싶을 때 사용한다. 원 그래프는 한눈에 전체를 쉽게 비교해서 볼 수 있다는 장점이 있다. 원 자체가 하나의 완결된 이미지를 보여주므로 시각적인 이해가 빠르다.

하나의 원 그래프 안에 구성 요소의 가지 수는 다섯 개를 넘지 않도록 하는 것이 좋으며, 중요하지 않은 항목들은 '기타'로 처리한다. 수치가 큰 항목부터 오른쪽으로 돌아가며 배열한다.

원 그래프의 예)

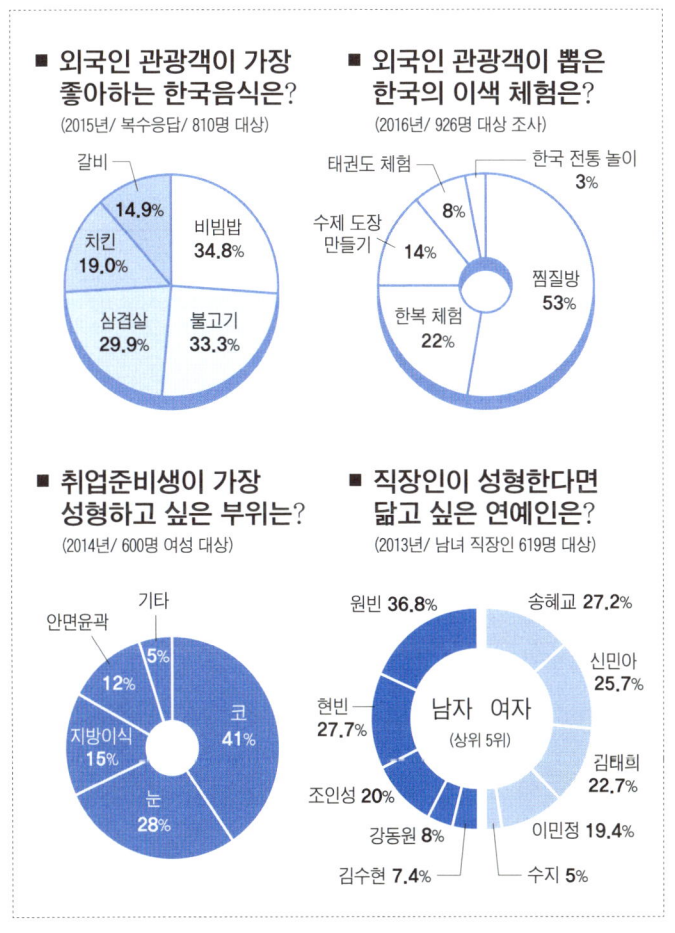

(2) 막대 그래프

복수 항목의 순위를 비교할 때 주로 사용한다. 항목의 수만큼 막대를 나열해 각각의 길이로 특정 항목의 순위나 크기를 비교한다. 단순 명쾌하게 설명할 수 있고 응용 범위가 넓다. 막대의 굵기는 모두 똑같아야 하고, 각 막대의 간격은 막대 넓이의 절반으로 한다. 막대의 테두리는 다른 선보다 굵게 한다.

막대 그래프의 예)

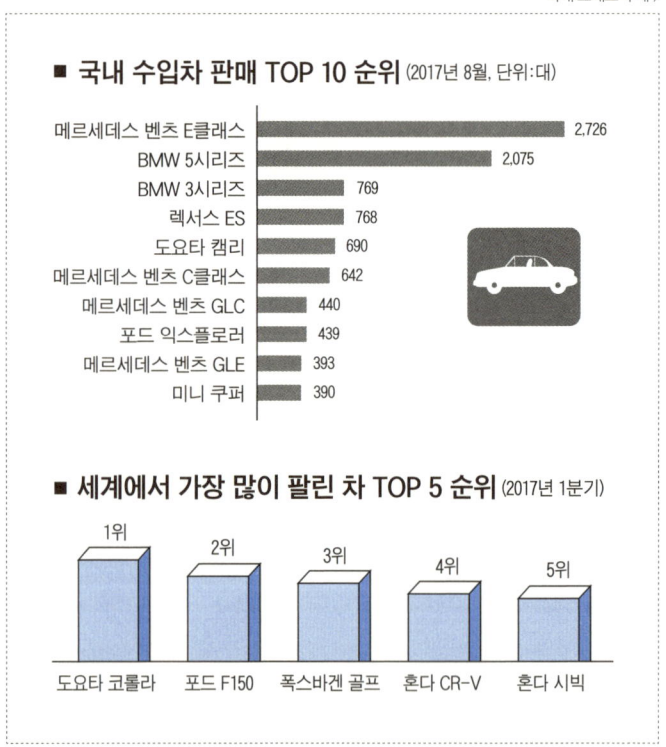

(3) 꺾은선 그래프

시간에 따라 변한다는 메시지를 표현하는 경우에 사용할 수 있는 시각화 도구이다. X축에 시간을 배열하고 Y축에 변하는 데이터를 배열한다.

꺾은선 그래프의 예)

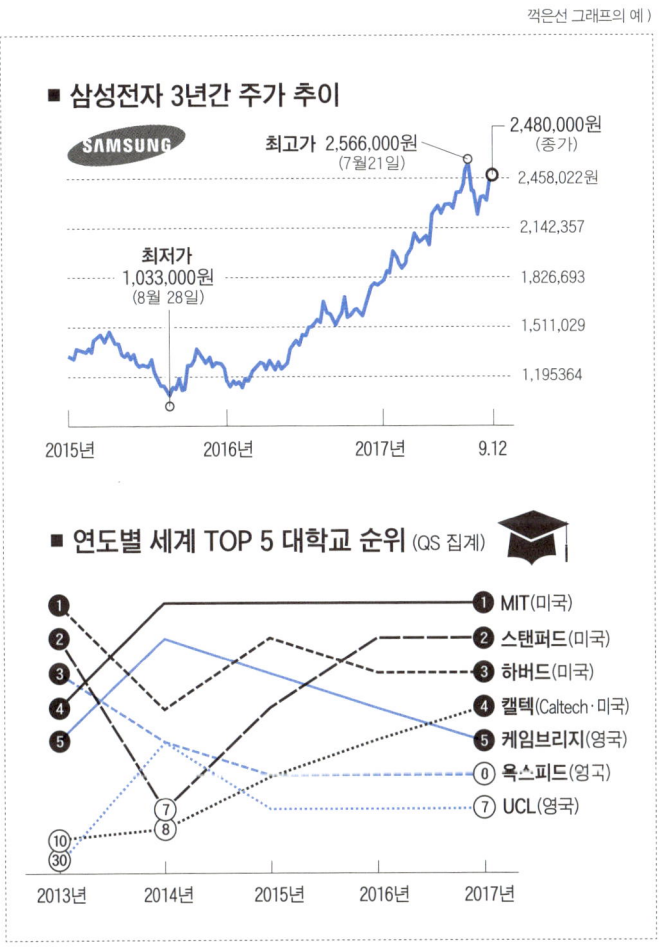

(4) 점 그래프

상관 관계를 시각화할 때 활용하면 좋다. 'X축의 데이터와 Y축의 데이터는 이러이러한 상관성이 있다'라는 메시지를 시각화하는 경우에 효과적이다.

점 그래프의 예)

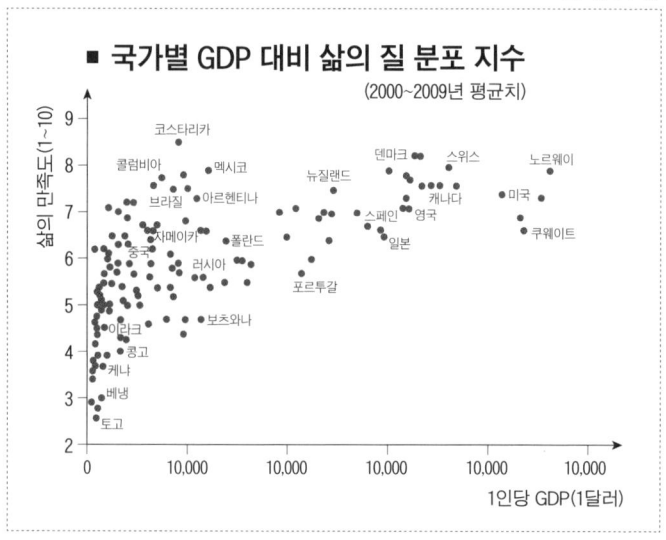

◆ 정성적 데이터의 표현 도구 – 도형

(1) Organization Charts

요소 간 포함 관계 및 우선 순위 등을 표현할 때 사용한다. Issue Tree와 형태를 같이하며 조직도, 인과관계 등을 한눈에 파악하기 용이하다.

Organization Charts의 예)

(2) Flow Charts

요소 간의 전후 관계, 순서, 영향 등을 표현할 때 사용한다. 발전, 성장, 흐름, 프로세스, 인과관계 등의 내용을 포함한 메시지를 쉽게 읽을 수 있도록 한다.

Flow Charts의 예)

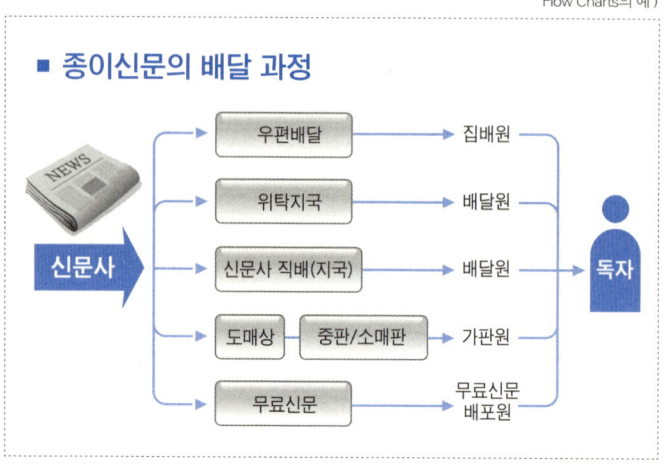

(3) Gantt Charts

각 요소들의 일정이나 업무 분장 등을 시각화할 때 활용한다. 가로축에 시간을 놓고 세로축에는 항목을 나열한다.

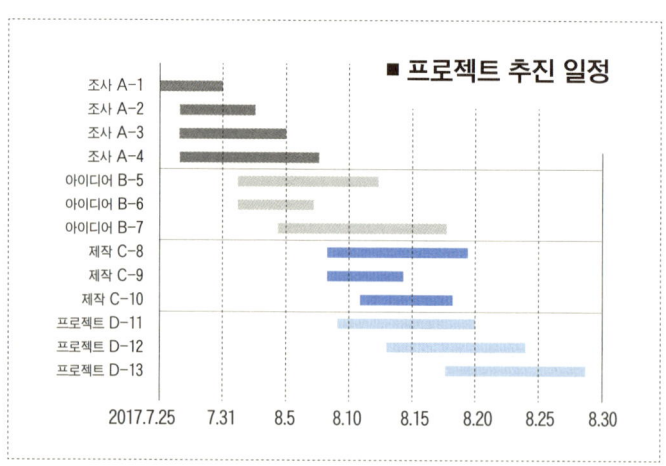

Moon Charts의 예)

(4) Matrices

두 측면, X와 Y축을 기준으로 각 요소의 위치 및 분포, 움직임을 표현할 때 활용한다.

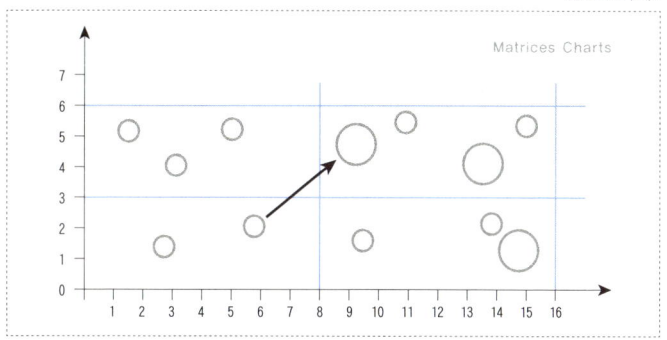

(5) Moon Charts

각 요소들 간의 비중, 중요도, 활용도, 강약 등의 차이를 표현할 때 사용한다.

(6) Venn Charts

요소들 간의 공통점이나 차이점을 시각화할 때 사용한다. 독립이나 포함 등의 관계를 표현하는 경우에도 유용하다.

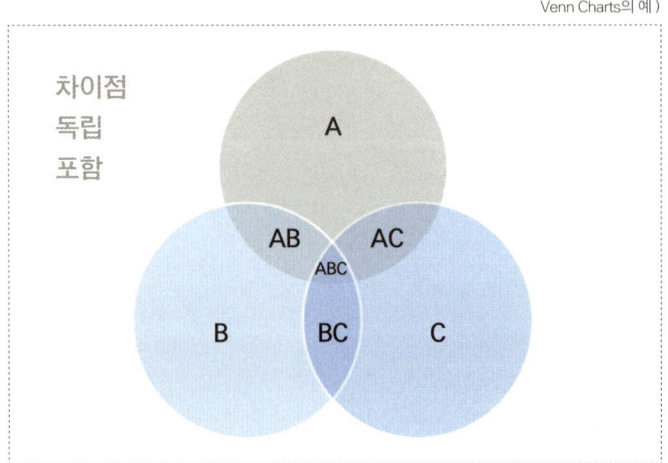

Venn Charts의 예)

◆ 데이터의 표현 도구 - 표

표의 가로축이나 세로축의 나열은 시간이나 순위, 크기 등의 논리적 순서에 따라 고객의 관점에서 해야 한다. 중요한 메시지를 담고 있는 행이나 열, 셀은 색깔을 넣어서 강조한다.

표의 예 1)

세계에서 부정부패가 없는 가장 깨끗한 국가 순위는? (2017년 뉴질랜드 포스트)

순위	국가(176개국 조사)	순위	국가
1	덴마크, 뉴질랜드	23	프랑스
3	핀란드	⋮	—
4	스웨덴	31	대만
5	스위스	⋮	—
6	노르웨이	52	한국
7	싱가포르	⋮	—
8	네덜란드	60	이탈리아
9	캐나다	⋮	—
10	독일·영국·룩셈부르크	79	중국·인도·브라질
⋮	—	⋮	—
13	호주	90	인도네시아
⋮	—	⋮	—
15	홍콩	101	필리핀, 태국
⋮	—	⋮	—
18	미국	131	러시아
⋮	—	136	미얀마
20	일본	145	방글라데시
⋮	—	156	캄보디아
		174	북한

5부 – 표현력으로 기획하기

표의 예 2)

■ 국가고시·공무원 시험의 토익 활용 현황
(2017년 기준)

구분	소관부처	TOEIC 기준 점수
사법시험	법무부	700점 이상
입법고시	국회사무처	700점 이상
외교관후보자	인사혁신처	870점 이상
5급 공채 (행정, 기술)	인사혁신처	700점 이상
7급 공채	인사혁신처	700점 이상
군무원 (육, 해, 공군 동일)	국방부	5급 = 700점 이상 7급 = 700점 이상 9급 = 700점 이상
소방간부 후보생	중앙소방학교	700점 이상 (영어 과목 대체)
카투사	병무청	780점 이상
영어 어학병	병무청	900점 이상

 **시각화**

메시지를 전달할 때 말로만 하는 것과 연관성 있는 무언가를 보여주며 말하는 것에는 어느 정도의 차이가 있을까? 〈코닥〉의 연구 결과에 의하면, 듣기만 하면 들은 것의 20% 정도를 기억하지만 보면서 들으면 80% 가량을 기억한다고 한다.

미네소타 대학에서는 시각 자료를 활용하면 설득력이 43%나 향상된다는 연구 결과를 발표한 바 있다. 또한 펜실베니아 대학에서도 시각 자료를 사용하면 결재 승인율이 두 배나 향상되고, 기억력이 다섯 배나 증가하며, 암기에 필요한 시간도 28%나 절약할 수 있다고 보고한 바 있다.

한 장으로 이겨라

3장 | 말을 통한 표현

시간과 노력을 들여 만든 기획서를 가지고 고객을 설득하는 과정은 기획자가 마지막으로 반드시 거쳐야 하는 필수 관문이다. 설득을 위해 기획자가 가장 많이 사용하는 수단이 곧 말이다.

마야 안젤루는 '말'을 다음과 같이 설명했다.

"확신하건대 말은 사물이다. 우리는 감히 단순한 기계 장치로 그 존재를 측정할 수 없다. 말은 실제가 있는 사물이며 결코 허상의 존재가 아니다. 언젠가 말했듯 말은 죽지 않는다. 말이 몸 속으로 들어간다. 그래서 우리를 건강하게 하고, 희망적으로 만들고,

행복하게 하고, 높은 에너지를 갖게 하고, 놀랍게 하고, 재미있게 하고, 그리고 명랑하게 만들어준다. 혹은 우리를 의기소침하게 만들 수도 있다. 말은 우리의 몸 속으로 들어와 우리를 우울하게 하고 못마땅하게 하고 화나게 하고 마침내는 아프게 한다."

'말'이 엄청난 힘을 가진 사물이라면 그 사용법을 제대로 알고 효과적으로 사용해야 하지 않겠는가?

우리는 말을 할 때 언어뿐만이 아니라 다양한 신체적 반응, 그리고 음성을 구성하는 여러 가지 요소들 즉, 소리의 높낮이와 빠르기, 크기와 질 등을 활용한다.

멜라비언이라는 학자는 이러한 말의 구성요소들이 일상적인 대화를 할 때 실제로 어느 정도로 사용되는지를 연구하여 발표하였는데, 그 결과는 다음과 같다.

- 언어 (7%) - 술어, 핵심 단어 등
- 음성의 질 (38%) - 소리의 높낮이, 소리의 빠르기, 소리의 굵기, 소리의 크기
- 신체적 반응 (55%) - 자세, 제스처, 얼굴 표정, 눈 깜박임, 호흡의 속도와 깊이

말을 잘 하기 위해서는 어떻게 해야 할까?

앞서 이야기한 글을 제대로 쓰기 위한 방법처럼 우선은 "나는 왜 이렇게 말을 못 하는가?"라는 두려움으로부터 자유로워질 필요가 있다. 그 다음은 멜라비언이 찾아 놓은 '말을 이루고 있는 요소'들을 자신 있게 표현할 수 있도록 계속해서 연습하는 것이 중요하다.

자세와 제스처 그리고 표정 등의 신체적 반응은 얼마든지 연습을 통해서 자연스러우면서도 매력적으로 연출할 수 있다. 음성의 질 또한 읽기를 활용한 스피치 훈련이나 보이스 트레이닝 등을 통해서 훈련이 가능하다.

그렇다면 말의 7% 정도를 구성하고 있는 언어는 어떻게 할 것인가?

풍요로운 언어를 구사하기 위해서는 독서 습관이 대단히 도움이 된다. 책을 많이 읽는 사람들은 말을 잘할 가능성이 매우 크다. 그들이 사용하는 언어는 핵심을 찌른다. 다양하면서도 정확하다. 주변 사람들이 그들을 말 잘하는 사람으로 인식하는 것은 너무도 당연하다.

첫머리 시작 방법 16가지

소감
개인적인 의견이나 에피소드
행사 장소에 대한 의미 부여
겸양
관계자에 대한 감사 표시
의표를 찌르는 시작
질문으로 시작
최근 사건 및 뉴스 언급
통계 자료 제시
인간적으로 솔직하게 시작
하고자 하는 말의 요점
유익 강조
정의
이어받기
속담이나 격언 인용
침묵

– 『대통령의 글쓰기』 중에서 –

◆ 보고 방법

말을 잘한다고 해서 반드시 보고도 잘하는 것은 아니다. 보고를 잘 하기 위해서는 명확하고 일관된 흐름을 가지고 보고의 핵심 목적에서 벗어나지 않게 말해야 한다. 더불어 보고자가 주장하는 바를 자기 방식대로 정리해야 칭찬받는 보고를 할 수 있다.

보고 논리가 명확한지 확인하고 싶다면, 보고 내용 전체가 한두 문장으로 요약되는지를 살펴보면 된다. 만일 한두 문장으로 정리가 가능하다면 논리가 명확한 것이다. 만약 그렇지 않다면, 생각이 혼란스럽고 보고의 핵심이 모호하다고 보면 된다.

다음의 방법들을 활용해서 칭찬받는 보고를 하자.

(1) 결론부터 제시하고 이유를 설명한다

결론을 먼저 말하고 원인이나 이유를 설명한다. 그리고 나서 구체적인 사례를 제시해 설득력을 높인 다음, 마지막에 대인을 제시한다. 이때의 사례는 공신력 있는 기관의 통계나 데이터가 좋으며, 상사가 인정하는 기관이나 매체의 것이라면 더욱 좋을 것이다.

'결-이-사-대'의 순서로 보고하면 상사의 빠른 의사 결정을 받아낼 수 있다.

(2) 핵심은 세 가지로 줄인다
제시하는 메시지가 세 가지를 넘게 되면 관심이 분산될 수 있다. 상사의 관심을 끌어낼 수 없다면 아무리 그럴듯하게 보고한다고 해도 깊은 인상을 남기지 못한다.

(3) 3 - 3 - 3의 논리 구조를 세운다
논리는 핵심(대주제) 3개 - 소주제 3개 - 근거 3개의 구조를 기본으로 한다. 핵심을 세 가지로 정한 것처럼 하위의 소주제나 근거들도 세 가지로 한정하여 구성하는 것이 좋다. 하나의 핵심 메시지(대주제)를 세 개의 소주제가 떠받치며, 각각의 소주제도 세 개의 근거가 떠받치는 구조로 구성하는 것이다.
'3'의 힘을 믿어라.

(4) 소주제를 모두 설명한 다음에 근거를 설명한다
하나의 소주제를 말한 다음에 곧바로 그 하위의 근거를 설명하면 주제에 대한 관심이 분산되므로, 소주제 세 가지를 모두 말한 다음 각각의 소주제를 하나씩 짚어가며 그 근거 세 가지를 설명해 나가는 방법이 더 효과적이다. 상사의 관심을 조금이라도 더 오랫동안 유지시켜야 성공할 가능성도 커진다는 사실을 명심하자.

(5) 중요도 우선으로 보고한다

중요한 것만 잘 보고해도 칭찬받는 보고자가 된다. 따라서 중요한 세 가지만 고르고 나머지는 미뤄두어라. 미뤄둔 것들은 추가로 보고할 기회가 생기면 보고하거나 따로 보고서를 써서 보고하면 된다.

(6) 간결한 표현을 사용한다

육하원칙을 따르되 불필요한 수식어들은 제거하고 '주어+목적어+동사'의 구조를 갖추어 단문 형태로 보고한다. 상사는 대체적으로 말 많은 부하를 경계한다.

(7) 1분 이상 길게 말하지 않는다

남의 말에 집중할 수 있는 시간의 한계는 90초 정도라고 한다. 따라서 1분 안에 보고를 마치지 않으면 역효과가 날 수 있다. 상사가 더 많은 정보를 요구한다면, 이미 보고 내용에 관심을 가지고 있다는 의미가 되므로 1분을 넘겨도 상관없다.

(8) 늘 호감을 주는 인상을 유지한다
밝고 긍정적인 열린 얼굴은 보고 내용만큼이나 중요하다. 우울하거나 무뚝뚝한 닫힌 얼굴로는 훌륭한 보고 성적을 내기 어렵다.

◆ 보고 요령

결 – 근 – 방 – 기
'결론-근거-방법-기대 효과' 순서로 보고하면 시간 없는 상사, 성격 급한 상사를 만족시킬 수 있다. 그들은 항상 결론 먼저 알고 싶어 한다.

현 – 문 – 대 – 세
'현상-문제-대책-세부 실행 계획'의 순서로 보고하면 상사가 쉽게 이해한다.

결 – 이 – 사 – 정

'결론-이유-사례-정리' 순서로 보고하면 상사를 안심시킬 수 있다.

"결론은 ~~ 입니다. 이유는 ~~ 하기 때문입니다.

지난 2016년도 8월 ~~ 의 경우도 같은 결론이었습니다. 따라서 결론은 ~~ 입니다."

What – Why – How (문 – 원 – 대)

'문제- 원인-대책' 순으로 보고하자. 이때, 원인에 대한 정보는 사실이어야 한다.

문-원-대로 보고하면 설득력을 높일 수 있다.

변 – 영 – 대

상사에게 인정 받고 싶다면 '변화-영향-대책'의 순서로 보고하자.

"~~한 환경 변화는 우리 회사에 ~~한 영향을 줄 것입니다. 그러므로 ~~한 대책이 필요합니다."

상 – 반 – 증 – 자

때로는 '상대의 주장-나의 반대 주장-증거 제시-자기

주장'의 순서로 반론해야 하는 경우도 있다. 상사는 무조건적인 예스맨을 신뢰하지 않는다.

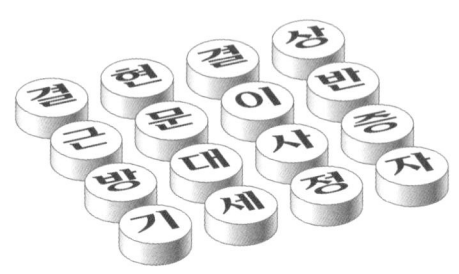

| **맺음말** |

기획은 통찰력과 논리력 그리고 표현력을 통해서 완성된다.

미래를 꿰뚫어보고 시장의 트랜드를 정확히 읽어내어 조직이 미리 준비하게 하는 기획자는 조직을 성공시킨다. 이러한 통찰력을 갖기 위해서는 목적 있는 독서와 관련 분야에 대한 지속적인 학습, 그리고 관련 정보의 수집과 분석이 반드시 필요하다.

정확한 용어를 사용하여 논리적으로 기획서를 쓰는 기획자는 고객을 이해시킨다. 이러한 논리력은 용어 정의의 시도와 논리 구조의 검증을 통해 만들어진다. 주변의 사물들과 내가 속한 조직, 나의 일들을 용어 정의 해보자. 상대방의 주장이나 보는 문서들에 논리의 잣대를 들이대보자. 논리적으로 구조화되어 있는지를 살펴보고 허점을 발견해 보자. 보완하는 과정을 한동안 지속하다 보면 어느덧 논리적으로 사고하고 있는 자신의 모습을 발견하게 될 것이다.

자신의 생각을 간결하고도 명쾌하게 표현하는 기획자는 고객을 설득해 낸다.
표현력의 개발은 연습이 답이다. 표현력은 오로지 연습을 통해서만 좋아진다. 자꾸 써보자. 그려보자. 말해 보자. 그리고 얼굴 화끈거리는, 자존심 구겨지는 자극을 받자. 그것이 약이 된다.

『보고력』을 출간하고 나서 첫 출간이 많이 기쁘고 스스로가 대견했다. 그러나 한편으로는 마음 한구석에 불편함이 있었다. 부족한 것이 많다는 것을 너무나도 잘 알고 있었기 때문이다. 그 부족한 것들을 메울 새로운 무언가가 필요했다. 이 책은 그 부족한 것들을 채우려는 동기에서 출발했다. 되도록이면 『보고력』에서 부족하다고 생각했던 것들을 여기에 챙겨 담으려고 노력했다. 100% 만족할 수는 없겠으나 강의 현장에서 교육생들에게 부끄럽지 않기 위해, 스스로가 떳떳하기 위해 노력했던 것만큼 이 책 『한 장으로 이겨라』에 공을 들였다.

『한 장으로 이겨라』에 독자 분들을 초대하며 특별히 감사의 마음을 전하고픈 분들이 있다. 늘 격려해 주시고 지지해 주신 이용갑 대표님과 기꺼이 원고를 읽어주시고 출간을 허락해 주신 '리즈앤북'의 김제구 대표님, 그리고 어쩌면 지루할 수도 있는 내용에 적절한 삽화를 넣을 수 있도록 열심히 그림을 그려준 사랑하는 아들 호진에게 이 자리를 빌려 감사의 마음을 전한다.

그리고 그 누구보다도 초대에 기꺼이 응해 주신 독자 분들에게 감사의 마음을 전한다.

my way of thinking

my way of thinking

참고서적

『기획의 정석』 박신영 / 세종서적

『기획이란 무엇인가』 길영로 / 페가수스

『논리적으로 글쓰기, 논리적으로 생각하기』 바바라 민토 / 더난출판사

『대통령의 글쓰기』 강원국 / 메디치미디어

『대통령 보고서』 노무현대통령비서실 보고서 품질향상 연구팀 / 위즈덤하우스

『로지컬씽킹』 테루야 하나코, 오카다 케이코 / 일빛

『맥킨지식 문서력』 이호철 / 비즈센

『맥킨지식 보고대답기술』 이호철 / 어드북스

『보고력』 이용갑, 송민규, 박성용 / 리즈앤북

『보고의 정석』 박신영 / 세종서적

『최강의 기획서』 이용갑 / 아라크네

한 장으로 이겨라

초판 1쇄 발행 2017년 10월 16일

지은이 송민규

펴낸이 김제구
펴낸곳 리즈앤북
디자인 김태욱
인쇄 · 제본 한영문화사

출판등록 제2002-000447호
주소 04029 서울시 마포구 잔다리로 77 대창빌딩 402호
전화 02) 332-4037
팩스 02) 332-4031

이메일 ries0730@naver.com

ISBN 979-11-86349-69-4 13320

이 책에 대한 무단 전제 및 복제를 금합니다.
잘못 만들어진 책은 구입하신 서점에서 바꿔 드립니다.